Landkreis
Berchtesgadener Land

Regionen und Gemeinden
Sehenswürdigkeiten
Infrastruktur

Vorwort

Liebe Leserin, lieber Leser,

wir freuen uns, dass wir Ihnen mit diesem Buch mehr über den Lebensraum, die Tourismusregion und den Wirtschaftsstandort zwischen Watzmann, Königssee und dem Rupertiwinkel in unmittelbarer Nachbarschaft zur Landeshauptstadt Salzburg zeigen können.

Dieser Bildband soll Ihnen einen Einblick in die Schönheit unseres Landkreises mit seinen 15 Gemeinden, Märkten und Städten, über die Geschichte, die Landschaft, die Kultur, aber auch über die Infrastruktur im Landkreis Berchtesgadener Land vermitteln.

Jede Region im Landkreis hat ihre eigenen Reize: Im südlichen, hochalpinen Teil der Berchtesgadener Talkessel mit einer unvergleichlichen Bergkulisse, dem Nationalpark und vielen touristischen Attraktionen, in der Landkreismitte mit der Alpen- und Kurstadt Bad Reichenhall und ihren breitgefächerten Angeboten im Gesundheits- und Wellnessbereich sowie vielfältigen kulturellen Veranstaltungen und im nördlichen, voralpinen Teil des Landkreises mit den Gemeinden des Rupertiwinkels, wo sich Natur und Architektur profaner und sakraler Baukunst in wunderbarer Weise verbinden.

Unser Landkreis bietet viele Möglichkeiten, Leben und Arbeiten in Einklang zu bringen. Aufgrund seiner geografischen Lage im südöstlichsten Teil Bayerns und Deutschlands erfüllt der Landkreis eine Brückenfunktion zu den Regionen im Süden und Osten Europas.

Unser Augenmerk gilt besonders der Weiterentwicklung der wirtschaftlichen Rahmenbedingungen im Landkreis Berchtesgadener Land. Wir setzen auf Qualität und Innovation in allen Wirtschaftsbereichen aber auch bei unseren Bildungseinrichtungen. Wir unterstützen die im Landkreis bestehenden Unternehmen und Dienstleistungsbetriebe in ihrer Innovationskraft tatkräftig und sind offen für neue Unternehmen. Unser Ziel ist eine hohe Standortzufriedenheit. Das wirtschafts- und arbeitsplatzfreundliche Klima wollen wir weiter ausbauen.

Starkes Gewicht wird auch darauf gelegt, die hohe Lebensqualität zu erhalten und Familien in einem traditionsreichen und lebendigen Umfeld Heimat zu geben. Internationale Wintersportveranstaltungen, kulturelle Events und die vielen Veranstaltungen unserer Vereine in den Gemeinden runden das Bild in einer lebenswerten Region ab.

Ich wünsche Ihnen viel Freude beim Blättern und Lesen dieses Bildbandes und hoffe, Sie erhalten dabei einen Eindruck von einer starken und selbstbewussten Region. Vielleicht können wir Sie damit aber auch neugierig machen, unseren Landkreis persönlich zu entdecken.

Ihr

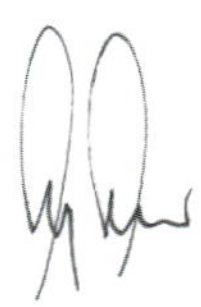

Georg Grabner
Landrat

Inhalt

Einführung

Der im Südosten Bayerns gelegene Landkreis Berchtesgadener Land zählt zu den beliebtesten Urlaubsregionen Deutschlands.

Bekannt ist vor allem der südliche Landkreisanteil mit seinen Attraktionen. Wer kennt sie nicht, den Watzmann, den Königssee oder den Kehlstein mit dem Kehlsteinhaus auf seinem schmalen Gipfelgrat? Wirtschaftliche Grundlage der fünf Gemeinden mit Berchtesgaden im Mittelpunkt ist größtenteils der Tourismus, von dem 85 % der Einwohner direkt oder indirekt leben.

Weit bekannt ist auch Bad Reichenhall als Ort der Salzerzeugung wie auch als bayerisches Staatsbad in den Alpen. Natürlich zutage tretende Solequellen wurden bereits in der Keltenzeit entdeckt und zur Salzgewinnung genutzt. Ein große Rolle spielen heute im ersten AlpineWellness-Ort Deutschlands die Anwendungen von AlpenSole und AlpenSalz für gesundheitliche Zwecke. Salinenort ist Bad Reichenhall geblieben. Die Neue Saline mit einer Jahresproduktion von 300 000 Tonnen Salz ist eine der modernsten Salinen weltweit.

Der Rupertiwinkel, das Land vor den Bergen, ist anders, weniger spektakulär, aber nicht weniger mit landschaftlichen Reizen ausgestattet. Hügeliges grünes Voralpenland mit viel Wald und einigen Seen, die als Relikte der Eiszeitgletscher verstreut liegen, prägen das Landschaftsbild. Allgegenwärtig stehen im Hintergrund die Chiemgauer, Salzburger und Berchtesgadener Berge. Gerade beschauliche Menschen, die die Natur am liebsten abseits der Touristenströme genießen, sind hier bestens aufgehoben.

Der vorliegende Bildband stellt alle Regionen des Landkreises Berchtesgadener Land einschließlich seiner fünfzehn Gemeinden gleichermaßen vor, von der Geschichte über die landschaftlichen Gegebenheiten bis zu den kulturellen Besonderheiten. Jede der drei Regionen ist auf ihre Weise attraktiv und interessant.

Möge der Leser einen umfassenden Eindruck gewinnen von diesem einzigartigen Landkreis!

Bad Reichenhall, im September 2011
Albert Hirschbichler

Landkreis Berchtesgadener Land

Der Landkreis Berchtesgadener Land in der südöstlichen Ecke des Freistaates Bayern ist auf drei Seiten – im Osten, Süden und Südwesten – von Österreich umgeben, in das er herzförmig hineinragt. Im Westen und Norden grenzt er an den Landkreis Traunstein.

Im Zuge der Landkreisgebietsreform 1972 entstand aus drei bis dahin selbstständigen Gebietskörperschaften – dem Landkreis Berchtesgaden, der kreisfreien Stadt Bad Reichenhall und einem Teil des Landkreises Laufen – der neue Landkreis Berchtesgadener Land.
Mit 840 km², davon ca. 30 km² gemeindefrei, und derzeit 102 224 Einwohnern (Stand 30.6.2010) zählt das Berchtesgadener Land zu den mittelgroßen Landkreisen in Bayern. Sitz der Kreisverwaltung ist die Große Kreisstadt Bad Reichenhall. Drei landschaftlich und wirtschaftlich verschiedene Regionen können unterschieden werden: die voralpine um Laufen und Freilassing, die alpine um Bad Reichenhall und die hochalpine um Berchtesgaden.

An wenigen anderen Orten auf der Welt erwartet den Besucher eine so große Vielfalt von landschaftlichen und kulturellen Sehenswürdigkeiten auf so engem Raum. So abwechslungsreich wie die Städte und Gemeinden sind die Landschaften: Hügeliges grünes Voralpenland um Laufen, die Flußniederungen an Saalach und Salzach, die kultivierte Siedlungslandschaft im Reichenhaller Talbecken, schließlich der zunehmend gebirgige und bewaldete südliche Landkreisteil um den Markt Berchtesgaden, der mitsamt dem fjordartigen Königssee vom Hochgebirge der Berchtesgadener Alpen umschlossen ist. Ganz in der Nähe liegt die weltbekannte Festspielstadt Salzburg mit ihren Barockkirchen und Gassen.

Eine Attraktion im Süden des Landkreises ist der Nationalpark Berchtesgaden, Deutschlands einziger alpiner Nationalpark. Höchster Punkt des gesamten Landkreises ist die Watzmann-Mittelspitze (2713 m), am tiefsten liegt die Salzachniederung nördlich von Laufen (383 m).

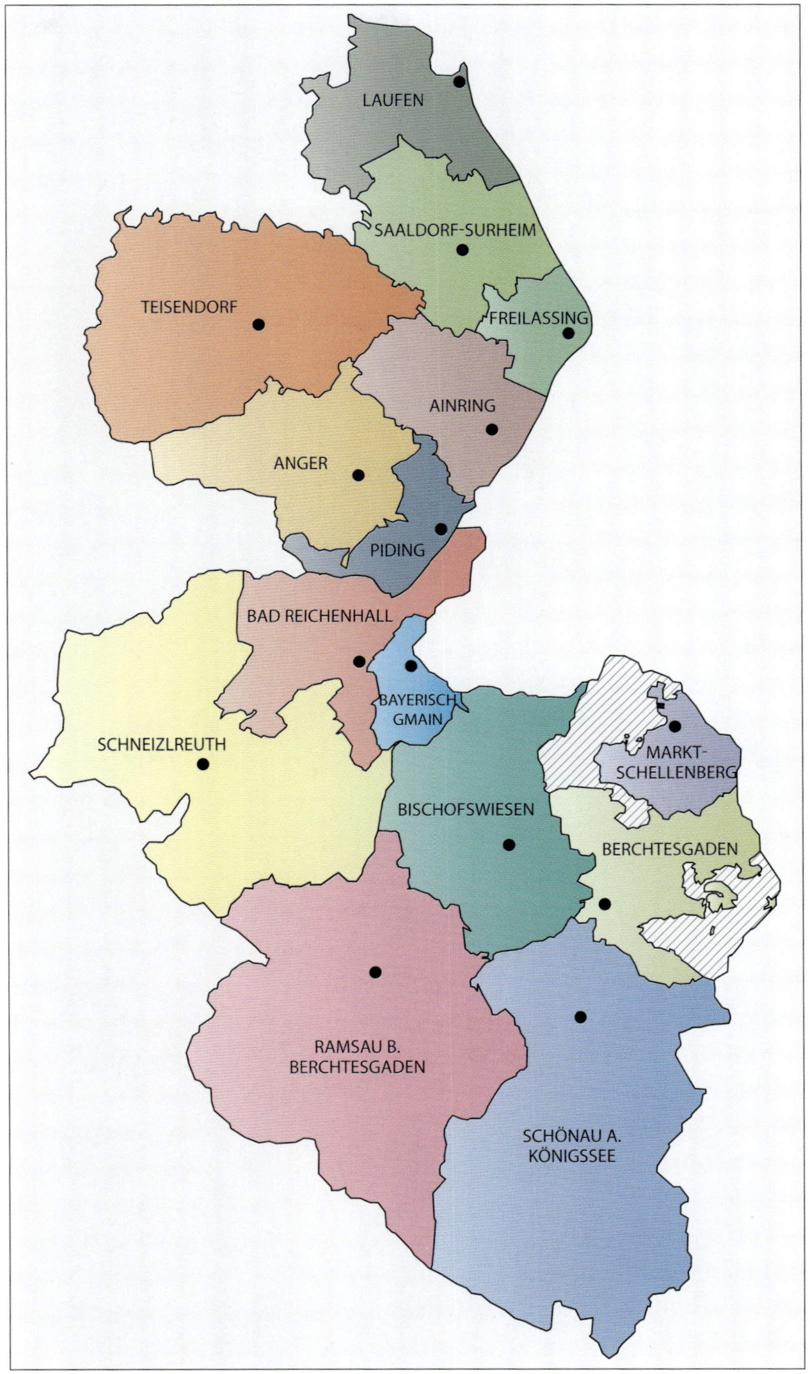

Landkreis Berchtesgadener Land im Überblick

Allgemeines

15 Gemeinden

Der Landkreis besteht aus 15 Gemeinden, von denen die Stadt Bad Reichenhall mit über 17 000 Einwohnern die größte und Schneizlreuth mit 1450 Einwohnern die kleinste ist.

Auf einen Blick:
Die Gemeinden des Landkreises Berchtesgadener Land

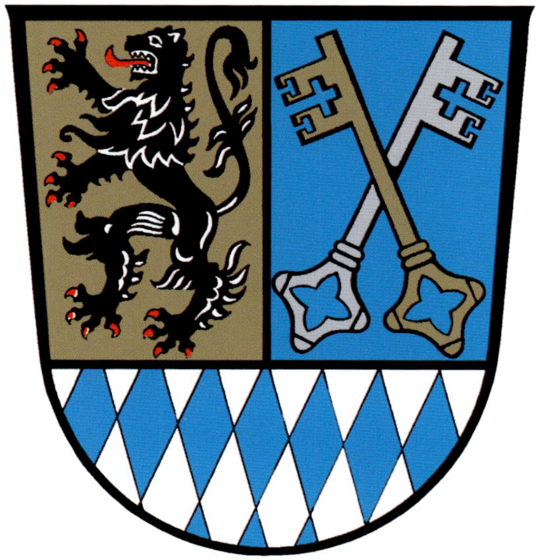

Region	Ort	Höhenlange (m)	Fläche (km²)	Einwohner (gerundet)
voralpin	*Laufen*	*400*	*35,3*	*6 650*
	Freilassing	*420*	*14,8*	*15 850*
	Ainring	*460*	*33*	*9 850*
	Anger	*560*	*45,9*	*4 300*
	Saaldorf-Surheim	*450*	*39,1*	*5 300*
	Teisendorf	*500*	*86,8*	*9 150*
alpin	*Bad Reichenhall*	*480*	*41,9*	*17 400*
	Bayerisch Gmain	*560*	*12,3*	*3 000*
	Piding	*450*	*17,7*	*5 250*
	Schneizlreuth	*510*	*107,3*	*1 450*
hochalpin	*Berchtesgaden*	*570*	*35,6*	*7 600*
	Schönau a. Königssee	*630*	*131,7*	*5 350*
	Marktschellenberg	*503*	*17,7*	*1 800*
	Bischofswiesen	*610*	*62,1*	*7 500*
	Ramsau b. Berchtesgaden	*660*	*129,2*	*1 800*

Stand 30.6.2010

Landkreiswappen

Das dreigeteilte Wappen des Landkreises „Berchtesgadener Land“ vereinigt die jeweiligen Symbole der 1972 zusammengefassten Gebietsteile. Für das Gebiet des früheren Landkreises Berchtesgaden, die ehemalige Fürstpropstei, stehen die gekreuzten Schlüssel als Attribute von deren Patron St. Petrus; der Anteil des früheren Landkreises Laufen stand lange Zeit unter der Herrschaft der Fürsterzbischöfe von Salzburg, worauf der Salzburger Löwe hinweist; die frühere kreisfreie Stadt Bad Reichenhall schließlich wird als Teil der wittelsbachischen Kernlande durch die bayerischen Rauten symbolisiert. Erst seit 1810 gehören alle drei Gebiete zu Bayern.

Geschichte

Der heutige Landkreis Berchtesgadener Land vereinigt drei Gebiete mit unterschiedlichen historischen Wurzeln: Der Rupertiwinkel gehörte jahrhundertelang zum Erzstift Salzburg, Bad Reichenhall war eine bayerische Stadt, und das namengebende Berchtesgadener Land eine reichsunmittelbare Fürstpropstei der Augustiner-Chorherren.. Alle drei jedoch standen seit dem frühen Mittelalter über Jahrhunderte hinweg bis zum Anfang des 19. Jahrhunderts im Spannungsfeld zwischen dem Fürsterzbistum Salzburg und dem Herzogtum Bayern, die beide den Salzreichtum des Gebiets für sich beanspruchten. Das kostbare Salz bildete die Grundlage für den frühen wirtschaftlichen Aufschwung und Wohlstand der Region, ebenso aber für dauernde Streitigkeiten, die oft genug in kriegerische Auseinandersetzungen übergingen.

Die Geschichte des südlichen Landkreisanteils (hochalpine Region) beginnt am Anfang des 12. Jahrhunderts, als vier Augustiner-Chorherrn aus Rottenbuch im Pfaffenwinkel ein Kloster mit Kirche gründeten und Siedler ins Land riefen, denen Grund und Boden gegen Abgabe eines erheblichen Teils der erwirtschafteten Erträge als „Lehen" (= geliehen) zur Verfügung gestellt wurden. Nach der Gründung dauerte es nur weniger als zwei Jahrhunderte, bis sich das winzige Klosterland zu einem eigenständigen geistlichen Fürstentum („Fürstpropstei Berchtesgaden") entwickelt hatte, dessen Landesherr (der Propst) alle denkbaren Befugnisse, die ursprünglich als Regalien nur dem Kaiser zustanden (Forst-, Jagd-, Fischerei- und Weiderecht sowie das Recht zur freien Vogtwahl), innehatte. Ab Ende des 12. Jahrhunderts wurde im Stiftsland Salz gewonnen, zunächst in Schellenberg (erste Erwähnung der Saline 1211), später auch in Berchtesgaden, wo 1517 mit dem Petersbergstollen der „nasse Abbau" im heutigen Salzbergwerk begann. Die 700jährige Geschichte der Fürstpropstei Berchtesgaden endete 1803 durch die allgemeine Säkularisation. Nach vier Herrschaftswechseln in sieben Jahren kam Berchtesgaden 1810 endgültig zu Bayern. Das Ende des Stifts schuf die Voraussetzungen zu einer längst überfälligen Entwicklung in dem bis dahin beinahe völlig isolierten Land: der Öffnung nach außen.

Bergsteigende Naturforscher (z. B. der berühmte Alexander von Humboldt) und Maler waren die ersten, die von Salzburg her den kaum bekannten, von Bergen umgebenen Talkessel aufsuchten. Ihre eindrucksvollen Berichte und Bilder von wunderbaren Landschaften machten Berchtesgaden bald weithin bekannt. Auch Schriftsteller wie Ludwig Ganghofer oder Richard Voß förderten durch ihre Heimatromane den Bekanntheitsgrad Berchtesgadens. In der Folge entwickelte sich der Fremdenverkehr, der bis heute von größter wirtschaftlicher Bedeutung ist.

Ganz anders die Geschichte Bad Reichenhalls (alpine Region), das immer schon zu Bayern gehörte. Eine feste Besiedlung der umliegenden Höhen lässt sich bereits für die Bronzezeit (ca. 1800 v. Chr.) nachweisen. Von Anfang an bestimmt das Salz die Geschichte der Stadt. Im Gegensatz zu den anderen Salzerzeugungsorten der Nordalpen tritt Sole hier ohne menschliches Zutun zutage. Bereits die Kelten kannten und nutzten die Solequellen im Bereich der heutigen Alten Saline. Zu einer enormen Blütezeit kam es im 12. Jahrhundert, als bei steigender Nachfrage nach Salz die Reichenhaller Saline die einzige leistungsfähige im Ostalpenraum war. Mit Beginn der Salzproduktion in Schellenberg und am Dürrnberg bei Hallein endete das Reichenhaller Salzmonopol. Die Folgezeit prägten jahrhundertelange Streitigkeiten zwischen den Bayernherzögen und den Salzburger Erzbischöfen, die beide das Reichenhaller Salz für sich beanspruchten.

Zu einer ersten Eskalation kam es 1196, als der Salzburger Erzbischof Reichenhall plündern und niederbrennen ließ. Den langen Kampf um Reichenhall entschieden die Wittelsbacher für sich. Schon ab 1219 hatten sie begonnen, die Salinenstadt mit einem über drei Kilometer langen Ring aus Wehrmauern (Stadtmauer) zu schützen. Mehrere Male wurde die Stadt innerhalb der Mauern durch Brände vernichtet, zum Teil wegen kriegerischer Auseinandersetzungen. Manche Feuer gingen von den Sudhäusern aus, auch Brandstiftung war einmal der Grund für eine vollständige Einäscherung. Pest und immer wiederkehrende Saalachhochwasser taten ein Übriges. Das kostbare Salz, das „weiße Gold", war

Geschichte und Infrastruktur

Der hl. Rupert aus dem 16./17. Jh. Er wurde bei der Gebietsreform aus dem Landratsamt Laufen mit nach Bad Reichenhall gebracht

stets Grund genug, Reichenhall wieder aufzubauen, damit es weiterging. Im November des Jahres 1834 kam es erneut zu einem katastrophalen Stadtbrand. Ausgehend von einem Salinen-Sudhaus brannte fast die ganze Stadt nieder. Verschont blieben nur ein paar Häuser um den Florianiplatz, heute Mittelpunkt der reizvollen historischen Altstadt Bad Reichenhalls.

Der Stadtbrand von 1834 markiert einen Wendepunkt in der Stadtentwicklung. Zwar wurde die Saline wieder aufgebaut, gleichzeitig aber begann die Entwicklung von der ausschließlichen Salinenstadt zum Kurort mit internationalem Renommee. Der neue Erwerbszweig führte die Stadt zu erneuter Blüte und prägt sie noch heute. Ab 1890 durfte sich Reichenhall „Bad" nennen, ab 1899 „Bayerisches Staatsbad". Seit 2005 ist Bad Reichenhall der erste AlpineWellness Ort Deutschlands.

Nach wie vor stehen AlpenSole und AlpenSalz im Mittelpunkt der Bemühungen um die Gesundheit und das Wohlbefinden seiner Gäste. Ein mildes Klima sowie vielfältige kulturelle Angebote sind weitere Faktoren, die in Bad Reichenhall seit mehr als 150 Jahren den Aufenthalt für Gäste aus aller Welt attraktiv machen.

Der Norden des Landkreises („voralpine Region") ist Teil des sogenannten Rupertiwinkels, dessen Name auf Rupertus, den ersten Bischof von Salzburg (690-710), zurückgeht. Ab dem 7. Jahrhundert gehörte das Gebiet des späteren Rupertiwinkels zum damaligen Salzburggau des Herzogtums Baiern.
Im 13. Jahrhundert ging die Region an den Salzburger Erzbischof über und verblieb bis zur Säkularisation 1803 mehr als sechs Jahrhunderte im Salzburger Herrschaftsbereich. Hauptort des Rupertiwinkels war jahrhundertelang die Stadt Laufen. Gelegen an einer Salzachschleife gelangte die Stadt zu großer Bedeutung, als das Salz noch zum großen Teil auf dem Wasserweg transportiert wurde. Da ein Felsen bei Laufen, der sogenannte Nocken, die Schifffahrt behinderte, musste die Fracht in Laufen umgeladen werden. Das Hindernis wurde erst im 18. Jahrhundert gesprengt.
Von den Stromschnellen dort hat Laufen auch seinen Namen: castellum ad louffi (das Kastell an den Stromschnellen). Die Laufener profitierten von der Schifffahrt, vom Handel mit Waren aus dem Süden sowie vom Schiffbau („Hallplätten"). Allein zwischen 1790 und 1800 wurden über 6000 davon gebaut.

Vom ehemaligen Reichtum des Ortes zeugen heute noch die gut erhaltenen Patrizierhäuser. Die Schifferstadt an der Salzach zog zahlreiche Menschen aus der Umgebung an, Handwerker und Arbeitssuchende, sodass der Siedlungsraum in der Flussschleife bald zu eng wurde und im 12. Jahrhundert Vororte wie Oberndorf und Altach entstanden.

1816 wurde Laufen zusammen mit dem Rupertiwinkel von Salzburg getrennt und Bayern zugeschlagen. Damit wurde es Grenzstadt zwischen Bayern und Österreich. Das am rechten Flussufer liegende Oberndorf, das bislang zu Laufen gehörte, wurde österreichisch. Durch den Bau der Eisenbahn ging die Salzachschifffahrt immer mehr zurück. 1866 fand der letzte Salztransport statt.

Laufen, einst Mittelpunkt eines eigenen Landkreises, wurde 1972 zusammen mit dem südlichen Teil des Rupertiwinkels in das Berchtesgadener Land integriert. Der nördliche Teil mit Waging und Tittmoning, die links von Saalach und Salzach gelegenen ehemals salzburgischen Gebiete, kamen verwaltungsmäßig zum Landkreis Traunstein (Chiemgau).

Seit dem 13. September 2007 besteht zwischen dem Landkreis Belchatów, Republik Polen, und dem Landkreis Berchtesgadener Land eine Landkreispartnerschaft. Sie soll zum freundschaftlichen Verhältnis und gegenseitigen Verständnis der polnischen und deutschen Bürger beitragen.

Infrastruktur / Straßennetz

Das Straßennetz des Landkreises umfasst ca. 1100 Kilometer. Davon sind

- 19 km Autobahn – die A8 München-Salzburg verläuft ab Neukirchen auf Landkreisgebiet und verlässt es beim Grenzübergang Schwarzbach.
- Etwa 300 km Bundes-, Staats- und Kreisstraßen (darunter das Endstück der berühmten Deutschen Alpenstraße vom Bodensee nach Berchtesgaden).
- 777 km Gemeindeverbindungs- und Ortsstraßen.

Weithin bekannt sind die Rossfeld-Höhenringstraße, die bis auf eine Höhe von 1550 Meter befahrbar ist und prächtige Panoramaausblicke eröffnet, sowie die Kehlsteinstraße, die allerdings nur mit Spezialbussen befahrbar ist. Außer durch die Autobahn A 8 ist das Berchtesgadener Land verkehrsmäßig sehr gut durch den internationalen Flughafen Salzburg Airport W. A. Mozart sowie die Bahnlinie München-Salzburg angebunden. Zahlreiche öffentliche Verkehrsmittel garantieren Mobilität im ganzen Landkreis.

Wohnungsbau

Wegen der konstanten Zunahme der Einwohnerzahlen (z. B. von 88 500 im Jahr 1972 auf 102 220 im Jahr 2010) wurden große Anstrengungen auf dem Gebiet des sozialen Wohnungsbaus unternommen. Im ganzen Landkreis gibt es etwa 49 200 Wohnungen, wobei ca. 38 000 nach 1946 gebaut wurden. Das Wohnbauwerk Berchtesgadener Land, die Bad Reichenhaller Wohnbaugesellschaft, der Wohnungsbau Rupertiwinkel, die Selbsthilfe Salzachkreis wie auch einige private Bauträger haben sich im Wohnungsbau verdient gemacht.

Gesundheitswesen

Die medizinische Versorgung der Bevölkerung im Landkreis Berchtesgadener Land ist überdurchschnittlich gut. Neben den drei Akutkrankenhäusern in Bad Reichenhall, Berchtesgaden und Freilassing gibt es eine Reihe von Rehabilitations- und Kurkliniken. Für die ambulante Betreuung sorgen ein Netz von mehr als 160 Arzt- und über 50 Zahnarztpraxen sowie ca. 35 öffentliche Apotheken. Zur Betreuung älterer Menschen gibt es im Landkreis 19 öffentliche und private Alten- und Pflegeheime mit etwa 2000 Plätzen. Der überragende Erholungswert der Region zeigt sich auch in der großen Zahl der Heime für Kinder, Jugendliche und Familien.

Bildungseinrichtungen

Im Landkreis Berchtesgadener Land wird Wert gelegt auf ein vielfältiges, flächendeckendes Angebot an Bildungseinrichtungen. Kinderbetreuungseinrichtungen im vorschulischen Bereich, Grund- und Mittelschulen in allen Gemeinden sowie vier Förderschulen mit zwei schulvorbereitenden Einrichtungen, dazu fünf Realschulen und vier Gymnasien in den zentralen Orten, Montessorischule sowie eine Fachoberschule bilden die Basis schulischer Bildungsmöglichkeiten. 1953 gründete das CJD (Christliches Jugenddorfwerk Deutschland e.V.) auf 1200 m Höhe über Berchtesgaden die CJD Christophorusschule. Leistungssportlern und asthmakranken Jugendlichen werden diverse Schulabschlüsse in allergenarmer Umgebung ermöglicht.
In Piding gibt es ein Heilpädagogisches Zentrum für Kinder, Jugendliche und junge Erwachsene mit seelisch-geistigen Handicaps. Hinzu kommen neun Berufs- und Berufsfachschulen unter anderem mit einem Ausbildungsangebot für gastgewerbliche Berufe, Tourismus, Holzschnitzerei und Schreinerei, Alten-, Kinder- und Krankenpflege. Hervorzuheben ist das Schülerforschungszentrum Berchtesgadener Land, in dem in Zusammenarbeit mit der TU München schulartübergreifend jungen Menschen eine intensive Auseinandersetzung mit naturwissenschaftlichen Fragestellungen ermöglicht wird. Ebenso erwähnenswert ist das Fortbildungsinstitut der Bayerischen Polizei in Ainring.
Die private Akademie Berchtesgadener Land bietet in Kooperation mit der Hochschule Rosenheim neben Management- auch ingenieurwissenschaftliche Studiengänge an, während das Studienangebot der Fachhochschule Bad Honnef am Campus Bad Reichenhall englischsprachige und international ausgerichtete Studienprogramme im Bereich Hotel-, Tourismus- und Internationales Management umfasst. Komplettiert werden die Fortbildungsmöglichkeiten durch eine Vielzahl von Einrichtungen der Erwachsenenbildung und der Musikschulen in einzelnen Gemeinden.

Das Bayerische Amt für forstliche Saat- und Pflanzenzucht in Teisendorf sorgt für die Erhaltung der genetischen Vielfalt und die Sicherung der Genressourcen in Bayerns Wäldern. Die genetische Vielfalt ist die Basis für die Anpassungsfähigkeit und das Überleben der Baumarten bei sich ändernden Umweltbedingungen.

Kunst und Kultur

Wegen der Bedeutung des Tourismus für den Landkreis kommt kulturellen Angeboten traditionell eine wichtige Rolle zu. Als wesentliche Einrichtungen mit Raumangebot für ein differenziertes und qualitativ hochwertiges Programm sind das Kurgastzentrum und das Alte Kurhaus in Bad Reichenhall, das Kur- und Kongresshaus in Berchtesgaden sowie die Salzachhalle in Laufen zu nennen. Das Philharmonische Orchester in Bad Reichenhall mit seinen 40 Musikern ist das weltweit größte ganzjährig in einem Kurort spielende philharmonische Orchester. Nie war das Programm so vielseitig wie heute: Das Repertoire umfasst Musik von der Renaissance bis zur klassischen Moderne mit Schwerpunkt Klassik und Romantik. „Klassik in den Alpen" lautet die Devise für anspruchsvollen Musikgenuss im Rahmen der Mozartwochen, beim Sommerfestival AlpenKlassik, dem Barocken Herbst und vielen anderen Veranstaltungen. Bereits Legende ist das alljährliche Thumsee-Openair im Sommer. Bekannt und beliebt sind auch das Berchtesgadener Bauerntheater, die Reichenhaller Volksbühne, die Ruperti-Bühne sowie die Volksbühnen in Saaldorf und Ainring. Im altehrwürdigen Schloss Triebenbach bei Laufen finden in jedem Jahr die Salzachfestspiele statt.

Das kulturelle Leben bestimmen nicht zuletzt die zahlreichen Blasmusikkapellen, Volksmusik- und Volkstanzgruppen, die – auch durch Volksmusiksendungen des Bayerischen Rundfunks – weit über die Grenzen des Landkreises hinaus bekannt sind. An vielen Orten werden Frühjahrs- und Sommerkonzerte sowie Adventssingen und Weihnachtsaufführungen veranstaltet. Die „Stallweihnacht" in der Bad Reichenhaller Kaserne erfreut sich größter Beliebtheit.

Einen überregionalen Bekanntheitsgrad hat sich in den letzten Jahren die Reichenhaller Akademie erworben. Anfang der 1990er-Jahre wurden in der Alten Saline rund 1000 Quadratmeter aufwändig und mit sensibler Hand renoviert. Das faszinierende Ambiente ist Anziehungspunkt für viele Kreative. Menschen, die an schöpferischem Arbeiten Freude haben, können in über 160 Kursen mit etwa 90 Dozenten auf höchstem Niveau ihre Fähigkeiten in Malerei oder Bildhauerei entdecken oder weiterentwickeln.

Die Berchtesgadener Handwerkskunst, eine Einrichtung des Landkreises Berchtesgadener Land, fördert die jahrhundertealte Volkskunst. 1840 wurde die sogenannte Industrie-Zeichenschule gegründet, die den Holzhandwerkern ein Gefühl für Farbe und Form vermittelte und neben den handwerklichen Fertigkeiten den künstlerischen Ausdruck förderte. Als zentrale Hauptabnahmequelle der Berchtesgadener Holzwarenerzeuger dient die heutige Institution nicht nur als ideale Präsentations- und Verkaufsmöglichkeit für die vorwiegend im Nebenerwerb erzeugten Waren, sondern berät die Hersteller auch in handwerklicher und künstlerischer Hinsicht.

Brauchtum

Das überlieferte Brauchtum wird bei der bodenständigen Bevölkerung im gesamten Landkreis nach wie vor gepflegt. Brauchtum prägt den Lebenslauf von der Geburt bis zum Tod. Kleidung, Sprache, Musik und Bauweise der Heimat werden erhalten. Dazu gehört das Tragen der Tracht. Manchen Bräuchen werden heidnische, keltische oder germanische Ursprünge zugeschrieben. Die meisten aber stehen in Zusammenhang mit dem Kirchenjahr. Höhepunkte sind die großen Festkreise Ostern und Weihnachten. Weihnachts- und Neujahrsschießen, Palmbaumtragen, Böllerschießen an Fronleichnam und bei Bauernhochzeiten, das Buttnmandl- und Perchtenlaufen in der Nikolauszeit sowie Klöcklsingen in den Adventstagen - bei vielen Anlässen wird traditionelles Brauchtum gelebt.

Eine charakteristische Eigentümlichkeit des Berchtesgadener Landes ist der jahrhundertealte Brauch des Weihnachtsschießens. Gegenwärtig sind mehr als 3000 Weihnachtsschützen in 17 Vereinen organisiert. Dieses Brauchtum geht auf heidnisches, kultisches Handeln zur Zeit der Wintersonnenwende zurück und wurde religiös überhöht. Es ist vornehmlich an die christlichen Feiertage um Weihnachten gebunden. Mit ihrem Schießen verstärken die Weihnachtsschützen den Klang der Kirchenglocken, die von Christi Geburt und vom Beginn des Neuen Jahres künden. Das Weihnachtsschießen geschieht also zur Ehre Gottes, auch wenn sich zahlreiche Zuschauer einfinden. Aber auch an anderen hohen christlichen Festtagen wie Pfingsten oder Fronleichnam üben die Berchtesgadener Weihnachtsschützen ihr althergebrachtes Brauchtum aus.

Weit bekannt sind die Buttnmandl, die in und um Berchtesgaden jeweils an verschiedenen Tagen der Vorweihnachtszeit laufen. Die Buttnmandl sind junge, unverheiratete Burschen, wilde Gesellen, die in langes Stroh gehüllt sind, mit schweren Kuhglocken am Rücken, Felllarven über Kopf und Gesicht gezogen, mit Ruten in der Hand. Die Glocken machen einen Höllenlärm, wenn die Buttnmandl von Haus zu Haus ziehen.

Am 1. Mai werden überall die Maibäume aufgestellt. Mit dem Leonhardiritt in Holzhausen bei Teisendorf hat sich einer der einst in mehreren Orten üblichen Pferdeumritte erhalten. Das Ereignis lockt alljährlich Tausende von Zuschauern an.

Seit dem 16. Jahrhundert feiern die Bergknappen des Berchtesgadener Salzbergwerks am Pfingstmontag ihr großes Bergfest. Ein Höhepunkt des Kirchenjahres ist Fronleichnam zehn Tage nach Pfingsten. Bei der großen Prozession ziehen Fahnenabordnungen, Vereine und Repräsentanten des öffentlichen Lebens mit den Bürgern hinter der Monstranz betend durch die Straßen.

Am Vorabend von St. Johanni (24. Juni) oder je nach Wetter an einem anderen Wochenendtag zu der Zeit werden zahlreiche Sonnwendfeuer abgebrannt.

Beim traditionellen Almabtrieb im Berchtesgadener Land gilt der Tag des heiligen Michael, der 29. September, als Stichtag. Das Ereignis ist jedoch an keinen festen Termin gebunden, je nach Wetterverhältnissen – manchmal schneit es auf den Hochalmen schon vorher – wird das Vieh ins Tal getrieben. Wenn kein „Unreim" (Unglück) geschehen ist, insbesondere kein Tier zu Schaden kam, darf das Vieh zum Almabtrieb „gekranzt" werden. Es wird geputzt, gestriegelt und mit dem Kranzzeug – den „Fuikln" – als Kopfzier geschmückt. Der Anblick einer solchen festlich zurechtgemachten Viehprozession, womöglich an einem sonnigen Herbsttag, zieht regelmäßig viele Zuschauer an. Eine besondere Attraktion ist der Almabtrieb auf Schiffen über den Königssee.

Ein nur im Rupertiwinkel und im benachbarten Salzburger Flachgau beheimateter Brauch ist das Aperschnalzen. Saaldorf ist der Sitz der Schnalzervereinigung Rupertiwinkel, die 1957 hier gegründet wurde. Ursprünglicher Sinn des Aper- oder Goaßlschnalzens war, durch Krach, Geschrei oder Knallen den Winter zu vertreiben. In einen kurzen Peitschenstiel ist eine drei bis sechs Meter lange Hanfschnur eingelassen, die sich zum Ende hin verjüngt und in einem Baststück („Poschn") ausläuft. Die Peitsche wird beidhändig mehrmals über dem Kopf gekreist und durch ruckartiges Abbremsen bzw. Gegenschwingen der schussartige, laute Knall erzeugt. Bei Preisschnalzveranstaltungen wird aus dem einstigen Brauch ein sportlicher Wettkampf.

Eine mit der Geschichte des Salzes und der Salztransporte verknüpfte Veranstaltung ist die Piratenschlacht in Laufen. Viele Zuschauer besichtigen im zweijährigen Rhythmus das manöverartige Seegefecht, das auf der Salzach mit viel Krach und Pulverdampf veranstaltet wird. Die Schlacht endet zum Glück stets mit der Gefangennahme des Piraten-Hauptmanns durch die Schiffergarde. Das Ereignis steht im Zusammenhang mit den ehemaligen Schiffern, die die Aufgabe hatten, die Salzplätten auf der Salzach vor räuberischen Überfällen zu schützen. Das Schifferstechen ist ein Geschicklichkeitsspiel, das die mittelalterlichen Ritterspiele zum Vorbild hat und 1640 zum ersten Mal in Oberndorf aufgeführt wurde. Mit Lanzen bewaffnet und auf Zillen stehend wird versucht, den Gegner ins Wasser zu befördern. Der Verlierer muss an Land schwimmen und scheidet aus.

Wirtschaft

Industrie, Gewerbe, Handwerk und Handel

Das Berchtesgadener Land ist nicht nur eine einzigartige Tourismusregion, sondern auch ein attraktiver Wirtschaftsstandort mit einer ausgezeichneten Infrastruktur in unmittelbarer Nachbarschaft zu Salzburg. Hier treffen landschaftliche Schönheit, Seen, Berge, alte Städte, Kultur, Tourismus und Hochtechnologie aufeinander. Über den Tourismus hinaus besteht ein leistungsstarker Branchenmix aus größeren, mittleren und kleineren Betrieben. Hervorzuheben ist die ausgewogene Struktur und die hohe Leistungsfähigkeit der regionalen Unternehmen aus den Bereichen Gewerbe, Handwerk, Handel, Industrie und Landwirtschaft. Diese Betriebe bieten qualitativ hochwertige Produkte und Dienstleistungen an, die auch international konkurrenzfähig sind.

Schnitzer Motorsport in Freilassing - Technologie vom Feinsten

Das Bierbrauen hat eine lange Tradition. Die Bierspezialitäten werden streng nach dem bayerischen Reinheitsgebot von 1516 gebraut, der ältesten heute noch gültigen lebensmittelrechtlichen Bestimmung. Im Landkreis gibt es drei bedeutsame Brauereien: die Privatbrauerei M. C. Wieninger in Teisendorf, die private Alpenbrauerei Bürgerbräu Bad Reichenhall und die Hofbrauhaus Berchtesgaden GmbH.

Der Landkreis und das gesamte Gebiet der EuRegio Salzburg – Berchtesgadener Land – Traunstein liegt seit der Osterweiterung der Europäischen Union am 1. Mai 2004 im „Herzen Europas“. Dieser Wirtschaftsraum mit dem Zentrum Salzburg hat damit eine wirtschaftsgeografisch herausragende Position. Die EuRegio Salzburg – Berchtesgadener Land – Traunstein ist ein grenzüberschreitender freiwilliger Zusammenschluss von derzeit etwa 100 bayerischen und salzburgischen Gemeinden und den beiden Landkreisen Berchtesgadener Land und Traunstein zur Förderung der Zusammenarbeit in vielerlei Bereichen wie etwa Tourismus, Verkehr, Kultur, Bildung, Wirtschaft u. a.

Von den ca. 29 000 im Landkreis Beschäftigten (Stand 2007) arbeiten 1 % in der Urproduktion (Land- und Forstwirtschaft etc.), 31 % im produzierenden Gewerbe und 68 % im Dienstleistungssektor, wozu auch der Tourismus gehört. Die Arbeitslosenquote weist dementsprechend starke saisonale Schwankungen auf, liegt aber insgesamt deutlich unter dem Bundesdurchschnitt.

Auf einen Blick:
Übernachtungszahlen Landkreis Berchtesgadener Land 2008

Region	Gäste	Übernachtungen	Aufenthaltstage	Betten
Berchtesgaden-Königssee	*378 600*	*2 141 620*	*5,66*	*21 200*
Bad Reichenhall-Bayerisch Gmain	*130 710*	*915 300*	*6,18*	*6 109*
Rupertiwinkel	*53 240*	*258 200*	*4,85*	*4 294*
Gesamter Landkreis	*564 540*	*3 317 130*	*5,88*	*31 903*

Quelle: Berchtesgadener Land Tourismus GmbH 2010

Die Wirtschaftsstruktur des Berchtesgadener Landes weist regionale Unterschiede auf. Im Norden spielt die Landwirtschaft eine wichtige Rolle. Wirtschaftlicher Mittelpunkt ist die Stadt Freilassing, die sich zu einem Einkaufs- und Industriezentrum (bes. Maschinen- und Anlagenbau, Metall verarbeitende Industrie, Holz- und Kunststoffverarbeitung, Elektronik) entwickelt hat. Auch in Ainring und Saaldorf-Surheim haben sich bedeutsame Gewerbezonen entwickelt.
Das bayerische Staatsbad Bad Reichenhall mit seinen Einrichtungen für Kur- und Wellness (Kliniken, RupertusTherme u. a.) ist außerdem eine gut frequentierte Einkaufsstadt. Neben einer Vielzahl kleinerer Handwerksbetriebe und Banken gibt es hier einige größere Firmen (Hoch- und Tiefbau, Taschen, Pralinen-Spezialitäten). In der Neuen Saline, der einzigen Salzerzeugungsstätte Bayerns, werden heute etwa 300 000 Tonnen Salz pro Jahr produziert.

Einen nicht zu unterschätzenden Wirtschaftsfaktor stellen die beiden Bundeswehrstandorte Bad Reichenhall mit der General-Konrad-Kaserne und Strub mit der Jägerkaserne dar. Sie beherbergen etwa 3500 Soldaten der Gebirgstruppe.

Im südlichen Teil des Landkreises um Berchtesgaden dominieren kleinere Handwerksbetriebe. Mit Abstand wichtigster Wirtschaftszweig ist der Tourismus. Hervorzuheben sind auch die hochspezialisierten und international erfolgreichen Feinmechanik-Firmen, die rund 700 Mitarbeiterinnen und Mitarbeiter beschäftigen.

Eine Besonderheit stellt das Berchtesgadener Salzbergwerk dar. Außerhalb der für Führungen zugänglichen Bereiche des historischen Bergwerks wird das Salz nach wie vor in Sinkwerken aus dem Gestein gelöst und die Sole durch eine unterirdische Rohrleitung zur weiteren Verarbeitung in die Saline Bad Reichenhall geleitet.

Wirtschaftlich ist der Tourismus heute für den ganzen Landkreis von außerordentlicher Bedeutung. Mit derzeit über 3,3 Millionen Übernachtungen jährlich steht der Landkreis Berchtesgadener Land mit an vorderster Stelle unter den Urlaubsgebieten in Deutschland. Davon entfallen über 2,14 Millionen auf den südlichen Landkreis, dessen fünf Gemeinden Berchtesgaden, Bischofswiesen, Marktschellenberg, Ramsau und Schönau am Königssee zur Tourismusregion Berchtesgaden-Königssee zusammengefasst sind, 915 000 auf Bad Reichenhall mit Bayerisch Gmain, und 258 000 auf den Rupertiwinkel.

Landwirtschaft

Erste Heuernte im Mai bei Steinbrünning

Die drei für den Landkreis charakteristischen Regionen vom Süden über das Alpenvorland in der Mitte bis zum Hügelland im Norden werden von Agrarwirtschaft geprägt. Die Zahl der Rinder im ganzen Landkreis beträgt 36500 (Stand 2003). Viele landwirtschaftliche Betriebe vermieten zusätzlich an Gäste (Urlaub auf dem Bauernhof). Bei der Milchproduktion steht der Landkreis Berchtesgadener Land im Vergleich zu den anderen 70 Landkreisen in Bayern an 8. Stelle. 1443 Betriebe (Stand 2003) bewirtschaften etwa 20 000 ha landwirtschaftliche Nutzfläche (23 % Acker, 77 % Grünland). 48,5 % der Landkreisfläche bestehen aus Wald. Mit durchschnittlich 14,20 ha sind die bewirtschafteten Nutzflächen sehr klein. 70 % der Betriebe sind Nebenerwerbsbetriebe. Ein erfreulicher Aufschwung ist in der Almwirtschaft zu verzeichnen. Die Zahl der bestoßenen Almen lag 1830 noch bei 143, im Jahr 1995 waren es 55, 2005 wieder 63.

Berchtesgadener Alpen

Der Watzmann, das Wahrzeichen vom Berchtesgadener Land

Berchtesgadener Alpen

Den Süden des Landkreises prägt das Hochgebirge der Berchtesgadener Alpen. So wird die zu den Nördlichen Kalkalpen zählende Hochgebirgsregion genannt, die weit über das eigentliche Berchtesgadener Land und die Landesgrenze hinaus noch ein gutes Stück ins Salzburger Land hineinreicht. Zu den „Berchtesgadenern", wie sie unter Bergsteigern genannt werden, gehören jene neun Gebirgsstöcke, die im Westen von der Saalach, im Osten von der Salzach begrenzt werden und die im Norden fast bis zur Stadt Salzburg heranreichen. Die südliche Begrenzung liegt in etwa auf der Linie Saalfelden (nahe dem Zeller See) – Dienten – Mühlbach am Höchkönig. Ihre Ausdehnung von Ost nach West beträgt in der Luftlinie von Golling im Salzachtal bis Lofer im Saalachtal 35 km, die Nord-Süd-Entfernung von Glanegg am Nordfuß des Untersberges bis Hinterthal auf der Südseite des Steinernen Meeres 37 km.

Die Hauptgebirgsstöcke bilden das Watzmannmassiv (2713 m) im Zentrum, welches kranzförmig umgeben ist vom Göllstock (2522 m), Hagengebirge und Steinernem Meer (bis 2655 m), Hochkönigstock (2941 m), Hochkaltergebirge (2607 m), Reiteralpe (bis 2286 m, Untersberg (1972 m) und Lattengebirge (bis 1738 m). Bei den einzelnen Gebirgsstöcken handelt es sich um mehr oder weniger selbstständige gewaltige Felsmassive mit verkarsteten Hochflächen, steil abstürzenden Wänden, schroffen Graten und lang gezogenen Bergrücken, die jeweils durch tief eingeschnittene Täler getrennt sind. Insgesamt nimmt die Höhe der Berge von Süden nach Norden hin ab. Den höchsten Punkt bildet auf österreichischem Gebiet der von einem Plateaugletscher („Übergossene Alm") bedeckte Hochkönig (2941 m), das krummholzbewachsene Lattengebirge nahe Bad Reichenhall erreicht nur mehr 1700 Meter. Der höchste Gipfel auf ausschließlich deutschem Gebiet ist die Mittelspitze des Watzmanns mit 2713 Metern. Nur Watzmann und Lattengebirge liegen ganz auf bayerischem, der Hochkönig ganz auf österreichischem Boden; alle übrigen Gebirgsgruppen werden von der Landesgrenze durchzogen. Bei Wanderern und Kletterern haben die „Berchtesgadener" einen gleichermaßen guten Ruf.

Berühmt ist die Watzmann Ostwand, die mit 1800 Meter Wandhöhe eine der höchsten Wände in den Ostalpen ist. Die Erstbegehung durch den Ramsauer Johann Grill, nach seinem Hausnamen „Kederbacher" genannt, am 6. 6. 1881 war eine herausragende alpinistische Leistung der damaligen Zeit. Bereits beim Versuch der Zweitbegehung kam es

Berchtesgadener Alpen

Kederbacher (Johann Grill), einer der besten Alpinisten seiner Zeit

Auf einen Blick:
Berchtesgadener Alpen

Gebirgsmassive	*9*
Gesamtfläche (einschließlich österreichisches Staatsgebiet)	*ca. 1 000 km²*

Gebirgsstock	Höchste Erhebung	Hütten
Göllstock	*Hoher Göll (2522 m)*	*Purtscheller Haus (1692 m)* *Carl v. Stahlhaus (1731 m)* *Schneibsteinhaus (1670 m)*
Hagengebirge	*Gr. Teufelshorn (2362 m)*	*Gotzenalm (1685 m)* *Wasseralm (1423 m)*
Steinernes Meer	*Selbhorn (2654 m)*	*Kärlingerhaus (1633 m)* *Riemannhaus (2177 m)* *Ingolstädter Haus (2119 m)*
Hochkönigstock	*Hochkönig (2941 m)*	*Matrashaus (2941 m)*
Watzmann	*Watzmann-Mittelspitze (2713 m)*	*Watzmannhaus (1928 m)* *Kührointhütte (1420 m)* *Wimbachgrieshütte (1327 m)*
Hochkaltergebirge	*Hochkalter (2607 m)*	*Blaueishütte (1680 m)* *Schärtenalm (1359 m)*
Reiteralpe	*Stadelhorn (2286 m)*	*Traunsteiner Hütte (1570 m)*
Untersberg	*Berchtesgadener Hochthron (1973 m)*	*Stöhrhaus (1894 m)* *Toni-Lenz-Hütte (1451 m)* *Zeppezauerhaus (1663 m)*
Lattengebirge	*Karkopf (1736 m)*	*Predigtstuhl-Berghotel (1613 m)*

zum ersten Unfall mit tödlichem Ausgang. Der Münchner Christian Schöllhorn stürzte in die Randkluft des heute nach ihm benannten Eisfeldes im unteren Wanddrittel. Bis heute verloren 100 Menschen ihr Leben in der Wand. Die schnellste Begehung darf seit September 1988 der Autor dieser Zeilen mit 2 Stunden 10 Minuten und 11 Sekunden vom Gasthaus St. Bartholomä bis zum Gipfelkreuz der Südspitze für sich beanspruchen, eine schöne Erinnerung.

Eine Besonderheit stellt der Nationalpark Berchtesgaden dar, Deutschlands einziger alpiner Nationalpark. In der Kernzone im südlichen Teil der Berchtesgadener Alpen bleibt die Natur ohne Eingriffe sich selbst überlassen, sämtliche Tiere und Pflanzen sind geschützt. Der Nationalpark und der gesamte Landkreis sind anerkanntes Biosphärenreservat der UNESCO. Die Verwaltungsstelle für das UNESCO Biosphärenreservat Berchtesgadener Land ist als Außenstelle der Regierung von Oberbayern beim Landratsamt angesiedelt. Sie versteht sich als Servicestelle für die Bürger, unterstützend und beratend bei der Umsetzung nachhaltiger und zukunftsweisender Projekte.

Landschaftsschutzgebiete

Auf einen Blick: Landschaftsschutzgebiete im Landkreis

Bezeichnung	*Charakteristik*	*Gemeindegebiet*	*Größe in ha*
Abtsdorfer See	*Moorsee mit vorgelagerten Feuchtgebieten*	*Laufen, Saaldorf-Surheim*	*652*
Ainringer und Peracher Moos	*Niedermoor und ehemaliges Hochmoor*	*Ainring*	*620*
Aschau	*Kulturlandschaft mit Feuchtwiesen und Laubmischwald*	*Bischofswiesen*	*52*
Barmstein	*Gebirgslandschaft mit zwei hoch aufragenden Kalkfelsen*	*Marktschellenberg*	*148*
Burgergraben	*laubholzreiche Bachschlucht mit Niedermooren*	*Bischofswiesen*	*10*
Höglwörther See	*ehemaliger Toteiskessel*	*Anger*	*127*
Kirchholz	*Seitenmoränen mit Mischwald und Dolinen*	*Bad Reichenhall, Bayerisch Gmain*	*152*
Kulbinger Filz	*abgetorftes ehemaliges Hochmoor mit artenreichen Sukzessionsstadien*	*Laufen*	*92*
Lattengebirge	*Gebirgslandschaft mit Mischwäldern und Mooren*	*Schneizlreuth, Bad Reichenhall, Bayerisch Gmain, Bischofswiesen*	*2 840*
Oberlauf der kleinen Sur	*voralpine mäandrierende Bachaue*	*Teisendorf*	*80*
Oberes Saalachtal	*Gebirgstal mit Bergmischwäldern und alpiner Vegetation*	*Schneizlreuth*	*769*
Ortelbach	*Kulturlandschaft mit Einzelhöfen und Feuchtgebieten*	*Bayerisch Gmain*	*60*
Rostwald/Stanggaß	*Moränenlandschaft mit Flachmooren und Mischwäldern*	*Berchtesgaden, Bischofswiesen*	*337*
Saalachauen nördl. Bad Reichenhall	*Auwälder mit Feuchtgebieten*	*Bad Reichenhall, Piding*	*542*
Saalach- und Salzachauen	*wertvolle Auwälder*	*Freilassing, Laufen*	*468*
Taubensee	*Bergsee mit moorigem Ufer, Trockenrasenflächen*	*Ramsau*	*30*
Thumsee	*Bergsee mit Verlandungszonen*	*Bad Reichenhall*	*1 101*
Tumpen und Krumbichl	*Moränenlandschaft mit Wald- und Wiesenflächen*	*Bad Reichenhall*	*82*
Ulrichshögl	*Flyschrücken*	*Ainring*	*78*
Untersberg mit Randgebieten	*Gebirgslandschaft*	*Bischofswiesen, Berchtesgaden, Marktschellenberg*	*3 700*
Gesamt			*11 940*

Quelle: Schriftenreihe Landkreise in Bayern (2004)

Landschafts- und Naturschutzgebiete

Früh hat man im Landkreis erkannt, dass eine unverfälschte Natur und unverbaute Landschaft wesentliche Elemente einer Erholungsregion sind. Als Naturschutzgebiete ausgewiesen wurden die östlichen Ausläufer der Chiemgauer Alpen, der Schwarzbach sowie die Aschau im Gemeindegebiet von Schneizlreuth. Die Gesamtfläche der derzeit 20 Landschaftsschutzgebiete beträgt 11940 Hektar. Außerdem hat das Landratsamt 58 Naturdenkmäler, 16 Landschaftsbestandteile, NATURA 2000 Gebiete ausgewiesen. Es handelt sich dabei um schützenswerte Landschaftselemente wie kleinflächige Biotope, Sumpfwiesen, Baumbestände, Felsformationen (wie den Gletschergarten an der Alpenstraße zwischen Weißbach und Inzell oder die Steinerne Agnes im Lattengebirge), Wasserfälle, Höhlen und besonders markante Einzelbäume. Eine Baumschutzverordnung für Teilbereiche der Stadt Bad Reichenhall hat die Stadt selbst ausgewiesen.

Ainringer Moos mit dem Untersberg und der Ortschaft Ulrichshögl

Die voralpine Region

Ainring
Anger
Freilassing
Laufen
Saaldorf-Surheim
Teisendorf

Ainring

Höhenlage: 460 m
Fläche: 33 km²
Einwohner: 9850

Das alte Ainring mit der Pfarrkirche St. Laurentius

Ainring

Ortsteile

Abfalter, Adelstetten, Altmutter, An der Straß, Au, Bach, Berg, Bicheln, Bruch, Buchreit, Doppeln, Ed, Eschlberg, Feldkirchen, Feldwagner, Fürberg, Gehring, Gepping, Gessenhart, Hagenau, Hammerau, Hasholzen, Hausmoning, Heidenpoint, Hinterau, Höglau, Hofer, Hort, Kohlstatt, Langacker, Mitterfelden, Moos, Mühlreit, Mühlstatt, Mürack, Niederstraß, Oberholzen, Öd, Ottmaning, Perach, Pirach, Rabling, Rain, Rauchenbücheln, Reit, Schiffmoning, Schmiding, Simonhäusl, Straß, Sur, Thundorf, Thundorfer-Mühle, Ulrichshögl, Weng, Wiesbach, Winkeln

Südwestlich von Freilassing liegt Ainring mit seinen weit verstreuten, insgesamt 57 Ortsteilen und Einöden. Nachbargemeinden auf bayerischer Seite sind Saaldorf-Surheim, Freilassing, Teisendorf, Anger und Piding sowie auf österreichischer Seite Wals-Siezenheim. Die Grenze zu Österreich bildet die Saalach. Auf Gemeindegebiet bestehen lediglich zwei Fußgängerbrücken, die nächsten Übergänge für Kraftfahrzeuge gibt es in Freilassing (nördlich) oder über die Autobahn A 8 in Piding (südlich). Von der günstigen Lage an der B 20 profitieren vor allem die Industriegebiete in den Ortsteilen Mitterfelden, Feldkirchen und Hammerau. 1967 erhielt Ainring das Prädikat „Luftkurort“.

1988 feierte Ainring sein 1200-jähriges Bestehen. Wie bei vielen Orten im Berchtesgadener Land beginnt die überlieferte Geschichte Ainrings mit jenem Güterverzeichnis der Erzdiözese Salzburg (Notitia Arnonis), das Bischof Arno um 790 anlegen ließ. Viele Ortsnamen, Siedlungen und Kirchen in Südbayern und Österreich – darunter „Ainheringa“ – werden darin erstmals urkundlich erwähnt. Die Besiedlung des Gemeindegebiets reicht jedoch viel weiter zurück. Erste Fundgegenstände (z. B. ein Steinbeil) am Auhögl bei Hammerau werden der frühen Steinzeit vor 4000 Jahren zugeordnet. Auch die nachfolgenden Epochen der Bronzezeit sowie Kelten und Römer hinterließen ihre Spuren.

Eine wirtschaftliche Belebung erfuhr die lange Zeit sehr dünn besiedelte Region durch den Eisenbahnbau von Freilassing nach Reichenhall im Jahr 1866, aber erst 1933 veränderten sich Struktur und Erscheinungsbild der Gemeinde ganz entscheidend. Die Entwicklung Ainrings ist eng verbunden mit dem ehemaligen Flughafen Ainring, aus dem in den 50er Jahren der größte Ortsteil der Gemeinde, das heutige Mitterfelden, hervorgegangen ist.

Adolf Hitler persönlich veranlasste den Bau des Flughafens ab 1933. Bekanntlich hatten zunächst er und dann bald auch andere Größen des Regimes Wohnsitze am Berchtesgadener Obersalzberg. Für die Anreise auf dem Luftweg von Berlin her benötigte man einen auch für größere Maschinen geeigneten Flugplatz, der deswegen in einiger Entfernung von den Bergen liegen musste. Der bereits in Marzoll bei Bad Reichenhall bestehende Flughafen schied aus diesem Grund aus. Wenige Wochen nach dem Beginn der Baumaßnahmen konnte bereits das erste Flugzeug landen, eine Ju 52. Es entstanden ein Führer- und ein Gästehaus, Werk- und Flugzeughallen. Die Kirchtürme von Feldkirchen und Ulrichshögel erhielten rote Signallampen. Auf dem neuen „Flughafen Reichenhall-Berchtesgaden“ entwickelte sich bald ein reger Flugverkehr, Landungen der Prominenz, die zum Obersalzberg weiterreiste, aber auch Sportflugzeuge. Der Flugplatz von Salzburg war damals viel kleiner und konnte mit dem von Ainring nicht verglichen werden.

Der Zweite Weltkrieg brachte für den Ainringer Flugplatz erhebliche Veränderungen.

Ab 1940 befand sich hier eine Zweigstelle der „Deutschen Forschungsanstalt für Segelflug“ (DFS), die am Ende des Krieges 1000 Menschen beschäftigte.

Eine Bombardierung Ainrings erfolgte wohl deshalb nicht, weil die Alliierten großes Interesse an unversehrten Forschungsprojekten des DFS hatten. Nach dem Krieg nahmen die Amerikaner das Gelände in Beschlag. In den einstigen Flugplatzbaracken wurden vorübergehend Flüchtlinge und Vertriebene aus den Ostgebieten untergebracht. Die Einwohnerstruktur von Ainring änderte sich grundlegend. Innerhalb der ersten vier Nachkriegsjahre verdoppelte sich die Einwohnerzahl. Als 1949 das ehemalige Flughafengelände in den Besitz des Bayerischen Staates überging, entstanden in den Folgejahren viele Wohnungen, die größtenteils an Heimatvertriebene vermietet wurden. Die Unterbringung und Integration so vieler Menschen war zweifellos eine bewundernswerte Leistung der angestammten Ainringer. Der zunächst als „Ainringer Flughafen“ bezeichnete Ortsteil wurde ab 1951 in „Mitterfelden“ umbenannt.

Das Rathaus wurde 1987 von Ainring Ort in den nun einwohnerstärksten Ortsteil Mitterfelden verlegt.

Schon bald nach der Freigabe durch die Besatzungsmacht begann man am Flugplatzgelände mit dem Bau einer Polizei-

Schulungsstätte. Das ehemalige Gäste- und Führerhaus wurde großzügig renoviert und der damaligen Landesgrenzpolizei zur Verfügung gestellt. Heute ist das Fortbildungsinstitut der Bayerischen Polizei mit Unterbringungsmöglichkeiten für 350 Seminarteilnehmer aus Ainring nicht mehr wegzudenken. Das Institut stellt auch einen bedeutsamen wirtschaftlichen Faktor dar. Ab 1970 wurden in Mitterfelden erste Baugebiete für das produzierende Gewerbe ausgewiesen. Seit Erteilung des Prädikats „Luftkurort" hat sich auch der Tourismus zu einem bedeutenden Wirtschaftsfaktor entwickelt. Golfspieler finden im Ortsteil Weng einen 18-Loch-Golfplatz in herrlicher Voralpenlandschaft. Das neue beheizte Erlebnisbad mit Spieleinrichtungen für Kinder und großzügigen Liegeflächen für Badegäste bietet einen sommerlichen Höhepunkt.

Typischer Brauch im Alpenvorland: Aperschnalzen, um den Winter zu vertreiben

Den Knall erzeugt ein kurzer Peitschenstiel mit einer bis zu 6 Meter langen Hanfschnur

Der wirtschaftlich herausragendste Industriebetrieb Ainrings ist das Stahlwerk Annahütte im Ortsteil Hammerau. Die Geschichte des ältesten Stahlwerks Europas, das heute zur Max Aicher Unternehmensgruppe gehört, reicht in das Jahr 1537 zurück. In dem Jahr wurde unter tatkräftiger Förderung des Salzburger Erzbischofs Mathäus Lang die „hochadelige Eisengewerkschaft Achthal-Hammerau“ gegründet, an der viele Adelige aus der näheren und weiteren Umgebung beteiligt waren. Bereits wenige Jahre nach der Gründung bestanden rege Handelsbeziehungen mit umliegenden Metropolen wie München und Augsburg, in die unter anderem Bleche, Waffen, Nägel, Schrauben und Draht geliefert wurden. Nach schweren Zeiten in der ersten Hälfte des vorigen Jahrhunderts und mehreren Besitzerwechseln wird das Unternehmen seit 1975 von der Firma Max Aicher als „Stahlwerk Annahütte“ betrieben. 400 Mitarbeiter produzieren derzeit etwa 200 000 Tonnen hochwertigen Stahls pro Jahr, wobei der Schwerpunkt auf Spannstahl- und Stabstahlherstellung liegt. Nebenbei werden – seit mehr als 450 Jahren – immer noch Hufeisen gefertigt. Als eine der letzten Hufeisenschmieden Deutschlands beliefert die Annahütte auch die Tragtierkompanie der Bundeswehr in Bad Reichenhall.

Pfarrkirche St. Laurentius

Mächtig thront die Pfarrkirche St. Laurentius mit ihrem Zwiebelturm über dem Dorf. Wann in Ainring die erste Kirche entstanden ist, lässt sich nicht nachweisen, Angaben über eine Weihe der Kirche finden sich jedenfalls im Jahr 1150. Wohl im späten 14. Jahrhundert wurde der romanische Bau an der Ostseite durch einen frühgotischen Chorbau erweitert. Nach 1490 erfolgte der teilweise Abbruch der bestehenden Kirche und deren Erweiterung nach Süden hin. Aus der 1. Hälfte des 17. Jahrhunderts stammt die Portalvorhalle, aus dem Jahre 1672 der Neubau der Sakristei und

Linke Seite:
Pfarr- und Wallfahrtskirche
Mariä Himmelfahrt in Feldkirchen vor
Hochstaufen und Zwiesel

Ainring

Thundorf mit dem Ulrichshögl im Hintergrund (Bildmitte). Hier fanden die Europameisterschaften im Handmähen statt

Schützenscheibe im Vereinshaus der Feuerschützen Ainring

Rechte Seite: Ainringer Ortsteil Ulrichshögl mit prächtigem Blick über den Rupertiwinkel, hinten der Haunsberg, 835 m

aus dem Jahr 1685 die Arme-Seelen-Kapelle (Beinhaus), wohl anstelle schon früher bestehender Bauten errichtet. Heute birgt das Gotteshaus neben einem um 1712 entstandenen barocken Hochaltar zwei Seitenaltäre, die dem hl. Josef (links) und dem hl. Johannes Nepomuk (rechts) geweiht sind. Beachtenswert sind die in die Wände eingelassenen Grabdenkmäler aus dem 14. bis 19. Jahrhundert. Weitere bemerkenswerte Kirchenbauten im Gemeindegebiet von Ainring sind die Filialkirchen St. Andreas in Perach, St. Erasmus in Bicheln, St. Nikolaus in Straß, die Pfarrkirche St. Martin in Thundorf, sowie die Pfarr-und Wallfahrtskirche Mariä Himmelfahrt in Feldkirchen. Letztere stellt eine der ältesten und bedeutendsten Gnadenstätten im südostbayerischen und Salzburger Raum dar. Nach über sechsjähriger intensiver Renovierung zeigt diese Wallfahrtskirche wieder das originale barocke Erscheinungsbild aus dem Jahr 1706. Die qualitätsvollen Schnitzereien, die drei reich ausgestatteten Altäre sowie die bedeutsamen Skulpturen und Gemälde sind Zeugnisse alpenländischer Kunstfertigkeit und Frömmigkeit.

Ulrichshögl

Vom „alten“ Ainring lohnt sich ein Abstecher hinauf zum Ulrichshögl. Als Gemeinschaftswerk von Bürgern und Gemeinde wurde 2007 der Ainringer Kreuzweg errichtet, der von der Ainringer Filialkirche St. Laurentius bis zur Kirche auf dem Ulrichshögl führt. Dieser Weg wurde Papst Benedikt XVI. zu seinem 80. Geburtstag gewidmet.

Auch eine Straße führt hinauf zum hundert Meter höher gelegenen Weiler Ulrichshögl. Von der Filialkirche St. Ulrich, die auf der zur Burg der Edlen von Hegl gehörenden Burgkapelle errichtet wurde, kann man einen prächtigen Blick auf Salzburg, den Rupertiwinkel und auf die Alpen genießen. Blickt man in Richtung Norden, erkennt man das Ainringer Moos.

Papst Benedikt XVI. gewidmeter Kreuzweg vom Ortszentrum Ainring zum Ulrichshögl

Ainringer Moos

Das Ainringer Moos, zwischen Ainring und Thundorf an der alten Römer- und Salzstraße und am Fuße des Högls gelegen, ist ein ganz besonderes Kleinod. Am Ende seiner wirtschaftlichen Nutzung wurde es 2003 renaturiert und dient seitdem als Rückzugsgebiet für seltene Tiere und Pflanzen. Auf den Menschen hat das Ainringer Moos schon immer eine ganz besondere Anziehungskraft ausgeübt – als Kultstätte, als Ort der Mythen und Märchen, als Torfabbaustätte oder heute für Naturfreunde. Ein Moorerlebnispfad mit Schautafeln informiert über die Entstehung des Moores, seine Tier- und Pflanzenwelt und vieles mehr.

Der Verein „Freunde des Ainringer Moos e. V." setzt sich für dessen Erhalt und Renaturierung ein. Die ehemals zur Torfgewinnung eingesetzte Feldbahn ermöglicht dem Verein für Führungen einen naturverträglichen Zugang zum Moor. In der Nähe liegt das kleinere, ebenfalls zum Landschaftsschutzgebiet erklärte Peracher Moos.

Historische „Boggerlbahn"
im Ainringer Moos

Golfplatz mit Alpenpanorama in Weng

Linke Seite:
Attraktion für Naturfreunde:
Das Ainringer Moos mit Moorerlebnispfad,
im Hintergrund der Untersberg

Ainring

Blasmusikkapelle Feldkirchen

Anger

Höhenlage: 560 m
Fläche: 45,9 km²
Einwohner 4 300

Kloster Höglwörth auf einer Halbinsel des Höglwörther Sees

Anger

Innenhof im Kloster Höglwörth

Ortsteile

Aufham, Hadermarkt, Hainham, Högl, Höglwörth, Holzhausen, Irlberg, Jechling, Lebloh, Moosbacherau, Oberhögl, Pfingstl, Prasting, Reitberg, Steinhögl, Stockham, Stoißberg, Thal, Unterberg, Vachenlueg, Wolfertsau, Zellberg

Wer auf der Autobahn A 8 in Richtung Salzburg unterwegs ist, dem fällt kurz vor der Ausfahrt Bad Reichenhall linkerhand ein schlanker Kirchturm auf: die Pfarrkirche Mariä Himmelfahrt von Anger. Der Ort liegt auf einer 20 Meter hohen Geländeerhöhung. Von unten nicht einsehbar, überrascht den Besucher ein langgezogener, mit Rasen bedeckter Dorfplatz, der „Anger" von Anger. Schöne Häuser, zum Teil noch aus dem 18. und 19. Jahrhundert, säumen ihn ein. Den Abschluss der südöstlichen Breitseite des Dorfplatzes bildet, noch höher auf einer Kuppe liegend, die bereits erwähnte Pfarrkirche mit ihrem steilen Dach und dem schlanken schindelgedeckten Turm. „Mein schönstes Dorf" soll König Ludwig I. Anger genannt haben.

Die Geschichte des Ortes reicht bis in die Steinzeit zurück. Am Bergrücken des Högl wie auch am nördlichen Ufer der Saalach fand man Bronzeschwerter, Äxte und Urnen, aus späterer Zeit Reste römischer Bauten. Die auf die Silben „-ing" und „–ham" endenden frühbayerischen Ortsnamen rund um Anger weisen darauf hin, dass die Region im frühen Mittelalter von den Bajuwaren besiedelt war. Bajuwarische Reihengräber aus dem 6. bis 8. Jahrhundert entdeckte man außer in Anger auch noch in Aufham, Piding, Urwies und Mauthausen.

Der älteste Siedlungsteil ist „Pfaffendorf", am Fuße des Kirchberges gelegen. Anger kam schon um das Jahr 1000 durch Schenkung an das Kloster St. Peter in Salzburg, später als Stiftungsgut an das Augustinerkloster Höglwörth. Als Teil des Erzstifts Salzburg (seit 1275) fiel Anger bei der Säkularisation 1803 an Erzherzog Ferdinand von Toskana, 1805 im Frieden von Preßburg an Österreich, welches es dann im Frieden von Schönbrunn 1809/10 als Teil des „Rupertiwinkels" an Bayern abtreten musste. 1818 entstand die heutige politische Gemeinde, die bis weit ins 20. Jahrhundert den amtlichen Namen Stoißberg trug. Erst mit Erlass vom 17. August 1937 wurde die Gemeinde Stoißberg in Anger umbenannt. Durch die Gebietsreform 1978 wurden die ehemaligen Gemeinden Aufham und Anger zusammengelegt und Steinhögl mit Vachenlueg eingemeindet. Martin von Haunsperg vollendete 1427 ein Schloss. 1459 wurde von Kaiser Friedrich III. das Privileg erworben, eine offene Taverne zu betreiben. 1722 nach dem Aussterben der männlichen Linie der Haunsperger, verkauften die Erben das Schloss einschließlich der 37 Untertanen an das Stift Höglwörth. 1824 waren Schloss und Kapelle zur Ruine geworden. Als die Kapelle im selben Jahr einstürzte, der Altar und die Glasvitrine mit der Muttergottes-Darstellung unbeschädigt blieben, begann eine Wallfahrt zur Muttergottesstatue. Eine neue Kapelle wurde errichtet und 1826 benefiziert. Der neuromanische Sakralbau wurde zur Pilgerstätte. Die Kirche birgt 29 Votivbilder aus der Zeit von 1834 bis weit in das letzte Jahrhundert. Eines davon ist von besonderem lokalhistorischem Wert. Es zeigt das Ortsbild von Vachenlueg um 1848.

Das Gebiet der Gemeinde Anger ist seit jeher stark bäuerlich geprägt. Aus diesem Grund haben sich viele schöne alte Sitten und Gebräuche erhalten. Zahlreiche kirchliche Feste, Tradition und Brauchtum werden gelebt und gepflegt. Dazu gehören alte Volkstänze, das Aperschnalzen, das Kramperllaufen, das Schuhplatteln, das Tragen der Tracht sowie die große Verbundenheit der Bevölkerung zur Musik. Drei Musikkapellen (Bergschützenkapelle Anger, Trachtenkapelle Anger-Höglwörth, Musikkapelle Aufham) bereichern das kulturelle Leben.

Höglwörther See

Der waldgesäumte, 600 Meter lange und 250 Meter breite See mit einer Tiefe von 8-10 Metern entstand nach dem Abschmelzen des Saalachgletschers vor 10 000 Jahren. Der zunehmend verlandende, teilweise von Seerosen bedeckte See bietet einen Lebensraum für zahlreiche Tierarten wie Hechte, Waller, Zander, Aale, Karpfen, Barsche, Schleien, Weißfische, Enten, Blässhühner und Hockerschwäne. Der Höglwörther See ist einer der wärmsten Badeseen weit und breit und kann auf einem stimmungsvollen Weg in 40 Minuten umwandert werden. Vom Steg nahe des Parkplatzes beim Klosterwirt kann man fast immer neben vielen kleinen Fischen große Hechte beobachten, die reglos im Wasser stehen, aber zur rechten Zeit blitzschnell zuschnappen. Am nördlichen Ufer gibt es ein Strandbad mit Freizeitwiese; Badezugänge zum See finden sich auch am südlichen Ufer. Nicht versäumt werden sollte eine Einkehr beim „Klosterwirt", einer urbayerischen Gastwirtschaft mit einem Bilderbuch-Biergarten.

Stiftskirche St. Peter und Paul

Was den Bau betrifft, blieb der romanische rechteckige Chor im Kern noch erhalten. Der mächtige, 54 Meter hohe Turm mit Zwiebelhaube wurde im Norden vorgesetzt. Er nimmt im Untergeschoss das Hauptportal auf. Bauteile aus Sandstein stammen aus den klostereigenen Steinbrüchen am Teisenberg. Das Portal der Kirche wartet auf mit einer kunstvollen Sandsteineinfassung, die Innenausstattung wurde in den 80er Jahren grundlegend renoviert. Beeindruckend ist die Leuchtkraft der Farben der Deckenfresken, die der Trostberger Maler Nikolaus Streicher schuf. Die Rokokostuckierung stammt vom Wessobrunner Benedikt Zöpf.

Von besonderem Interesse ist der Hochaltar der Kirche mit den vergoldeten Statuen der Apostel Petrus und Paulus und dem Hochaltarbild „Die Verklärung Christi", das um 1600 von Francesco Vanni aus Siena geschaffen wurde. In der Kirche wird alle drei Jahre in der Karwoche ein prächtiges Heiliges Grab aufgebaut, ein Brauch, der viele Gläubige nach Höglwörth führt.

Kloster Höglwörth

Dorf und Kirche von Anger gehörten einst zum nahen Augustinerkloster Höglwörth. Das Kloster ist in reizvoller Lage auf einer Halbinsel im Höglwörther See erbaut. Dort

Höglwörth: Barockes Inneres der Stiftskirche St. Peter und Paul mit dem größten Herrengrab im südostbayerischen Raum von 1652. Das Hl. Grab wird alle drei Jahre zu Ostern aufgestellt

Anger

Anger auf einer Geländeerhöhung vor dem Hochstaufen

Anger Dorfplatz: Vergoldete Mariensäule von 1884 aus Achthaler Guss

Morgenstimmung auf den Wiesen zwischen Anger und Höglwörther See mit Kloster Höglwörth

Wieninger Oldtimer-Rundfahrt vor dem Kloster Höglwörth

Anger

Jesuskind in der Weihnachtskrippe der Kirche Mariä Himmelfahrt

Der Dorfplatz von Anger, gesäumt von Häusern aus dem 18. und 19. Jahrhundert, mit der Mariensäule

oder auf dem nahen Zellberg befand sich schon im frühen Mittelalter eine benediktinische Missionsstation der Abtei St. Peter in Salzburg. Sie dürfte im 10. Jahrhundert dem Ungarnsturm zum Opfer gefallen sein. Die Tradition jedoch riss nicht ab. Reiche Schenkungen der Grafen von Plain ermöglichten ein Wiederaufleben der alten „Zelle" in Gestalt eines Chorherrenstifts. Die Hauptaufgabe des Stifts war über sechseinhalb Jahrhunderte die Seelsorge in dem weit ausgedehnten Stiftsgebiet, das dem Gericht Staufeneck unterstand. Zweifellos profitierte das ganze Gebiet nicht nur was die Seelsorge betrifft, sondern auch in künstlerischer und wirtschaftlicher Hinsicht vom Kloster Höglwörth. Das um 1125 als Augustiner-Chorherrenstift entstandene Kloster überdauerte die Säkularisation 1803, wurde aber 1817 schließlich doch aufgelöst und steht heute in Privatbesitz. Eine Besichtigung der Räume ist nicht möglich, frei zugänglich ist nur der Innenhof und die barocke Stiftskirche St. Peter und Paul. Im Innenhof der burgähnlichen Anlage findet sich ein Brunnen von 1669 mit einer Marmorstatue des hl. Johannes Nepomuk, die von Josef Anton Pfaffinger um 1740 geschaffen wurde. Das Torhaus, ehemals nur über eine Zugbrücke erreichbar, bildet den einzigen Zugang zum Kloster.

Pfarr- u. Wallfahrtskirche Mariä Himmelfahrt

Ein Vorgängerbau wurde „Ellinburgskirchen" genannt, nach dem Namen der Stifterin, einer Frau Ellanburgis, die im frühen 10. Jahrhundert lebte.

Die Kirche war die Mutterpfarrkirche für das ganze Stiftsland Höglwörth von der Stoißer Ache bis zu den Ufern der Saalach. Die heutige Kirche stammt von etwa 1450 und ist damit eine der ältesten spätgotischen Kirchen des Rupertiwinkels. Ihre Mauern sind aus unverputzten Nagelfluhquadern gefügt, nur die Trennfugen sind weiß bemalt. Mehr als 50 Meter hoch ist der von einem schlanken Doppelzwiebelaufsatz gekrönte Turm. Nach Entfernung eines ursprünglich bestehenden Mittelpfeilers bildet das Netzgewölbe in der Raummitte der Kirche nun einen sechseckigen Stern. Den Eingang bildet ein bemerkenswertes Eichenportal von ca. 1550, das außen mit wuchtigen Beschlägen und an der Innenseite mit kunstvoll geschnitzten Kassetten verziert ist.

Sehenswert ist der um die Kirche angeordnete Friedhof mit schönem Blick auf die nahen Berge. Im Süden erblickt man die steilen Nordabstürze der Reichenhaller Hausberge Staufen und Zwiesel, im Osten den massigen Untersberg, während man auf der Nordseite die Wiesen und Wälder des lang gestreckten Högls vor sich hat. Bei klarer Sicht reicht der Blick vom Angerer Friedhof bis zum Dachsteinmassiv. Im Waldfriedhof von Anger erinnert eine Pestkapelle mit alter Umfassungsmauer und Gedenktafel an die schreckliche Pestzeit.

Am Nordende des Angers steht eine vergoldete Mariensäule von 1884, die neben der Pfarrkirche das Ortsbild prägt. Für die Angerer Pfarrkirche wurde die Gottesmutter Maria als Patronin erwählt und man wollte dies auf dem großen Dorfplatz nochmals allen sichtbar zum Ausdruck bringen.

Rechte Seite: Kirchweihfest in Anger

Fahrpreis

Anger

Pfarrkirche St. Jakobus der zu Anger gehörenden Gemeinde Aufham vor der Nordflanke des Hochstaufen

Thomanhof am Högl

Blick vom Felberbauern auf Aufham mit dem Hochstaufen und Zwiesel

Stoißeralm

Ein bei Wanderern und Mountainbikern gleichermaßen beliebtes Ziel ist die Stoißeralm am Teisenberg oberhalb von Anger. Der Teisenberg zwischen Inzell und Teisendorf mit der „Schneid" (1333 m) als höchstem Punkt ist der nördlichste Tausender der Deutschen Alpen. Im oberen Bereich ist der stark bewaldete, in der Längsrichtung sich kilometerweit erstreckende Bergrücken abgeflacht und bietet eine schöne Aussicht über riesige Waldgebiete zum Hochstaufen und Zwiesel, auf den Högl und in Richtung Salzburg.

Die Stoißeralm liegt auf einer freien Wiesenfläche in 1272 Meter Höhe. Auf der von Mai bis Oktober bewirtschafteten Alm gibt es zusätzlich zur Brotzeit ein phantastisches Bergpanorama. Ausgangspunkt ist der Parkplatz Stoißberg/Neuhausalm vier Kilometer westlich von Anger.

Altar mit der Vachenlueger Madonna

Wallfahrtskapelle „Zu unserer lieben Frau" Vachenlueg

Rechte Seite oben: Steinhögl mit der Kirche St. Georg, darunter Frühlingserwachen rund um den Högl

Vachenlueg

Vachenlueg wurde 1414 von Hans und Martin von Haunsberg, die ihre Stammburg auf dem Haunsberg gegenüber Laufen hatten, am Nordabhang Högls erbaut. Die Haunsberger saßen bis 1688 auf Vachenlueg. 1722 wurde die Burg an Höglwörth verkauft. Spätere Privatbesitzer ließen sie verfallen. Heute ist sie Ruine.

Die Kapelle dort wird erstmals im Jahre 1487 als „Unsere Liebe Frau-Capelle“ beurkundet. Als 1722 die Burg vom Stift Höglwörth übernommen wurde, ließ Propst Johann Baptist Zacherl die mittlerweile „ruinöse“ Kapelle wiederherstellen. Die Einsetzung einer Kopie des Gnadenbildes von Altötting sollte der bereits bestehenden Marienwallfahrt neue Impulse geben. Die Auflösung des Klosters Höglwörth bedeutete nach 400 Jahren das Ende des Kirchleins.

1848 wurde ein Neubau der Marienkapelle vom damaligen Dekan von Teisendorf Joseph Reichthalhammer geweiht. Sehenswert ist der Hochaltar mit dem alten Gnadenbild sowie Reliquien und Devotionalien in den Schreinen des Langhauses. Bemerkenswert sind auch alte Votivtafeln, die bis 1666 datieren.

DB

Freilassing

Höhenlage: 420 m
Fläche: 14,8 km²
Einwohner: 15 850

Freilassing, frühere Eisenbahnerstadt, heute wirtschaftliches Zentrum des Landkreises Berchtesgadener Land

Freilassing

Ortsteile

Aumühle, Brodhausen, Eham, Hagen, Hofham, Hub, Klebing, Lohen, Obereichet, Oedhof, Saalbrück, Sailen, Salzburghofen, Schaiding, Stetten, Untereichet, Wassermauth

Der Grenzort zu Salzburg ist heute der wirtschaftlich bedeutsamste Ort des Rupertiwinkels. In der Mitte des 19. Jahrhunderts war Freilassing noch ein unscheinbares Dorf mit kaum mehr als zehn Bauernhäusern. Der Weiler war lediglich ein Ortsteil des uralten Pfarrsitzes Salzburghofen.

Der Aufschwung kam mit der Eisenbahn. Ab 1860 gab es eine Bahnverbindung zwischen München und Salzburg. Die günstige Lage am Knotenpunkt von vier Bahnstrecken, nach Salzburg, München, Berchtesgaden und Mühldorf und die Nachbarschaft zur Mozartstadt Salzburg bewirkte, dass sich der Ort bis heute zu einer Stadt mit 16 000 Einwohnern entwickelte. Der wirtschaftliche Aufschwung hatte im Jahre 1923 eine Änderung des Ortsnamens zur Folge. Nach einer Volksabstimmung wurde aus Salzburghofen nun amtlich Freilassing. Das enorme Wachstum von Freilassing belegt die Entwicklung der Bevölkerungszahlen: Im Jahr 1840 zählte das damalige Salzburghofen 774 Einwohner, im Jahr 1900 schon 1679; im Jahr 1963 wurde die Zahl von 10 000 überschritten. Heute schwankt die Zahl der Einwohner zwischen 15 000 und 16 000 (Quelle: Stadtarchiv Freilassing 2001).

Der Name Freilassing geht auf „Freilassen" zurück. Nach Enzinger (2003) ist davon auszugehen, dass die Bewohner von frilaz (so die erste Bezeichnung um 1125) zu den Nachfahren der Familien gehörten, die bei der Schenkung des Königshofes Salzburghofen an die Salzburger Kirche im Jahr 908 sozusagen als „Zubehör" mitgeliefert wurden. Ohne dass man Genaueres darüber sagen könnte, wie der Aufstieg in eine höhere Stufe der Freiheit ausgesehen haben mag, die verbesserte rechtliche Stellung, die Freilassung, war Anlass dafür, dass die Bezeichnung auch auf den Ort, an dem sie wohnten, überging. Viele Jahrhunderte lebten die Bewohner des kleinen Bauerndorfes als Untertanen des Salzburger Erzbischofs abseits aller Kriege und Querelen. Sogar vom Dreißigjährigen Krieg blieb man unbehelligt. Das änderte sich in der Zeit Napoleons, als auch hier Franzosen gegen Österreicher kämpften. Wie in vielen anderen Regionen im Landkreis wechselten zu Beginn des 19. Jahrhunderts auch in Freilassing mehrfach die Herrschaftsverhältnisse. 1810 kam Freilassing zusammen mit Salzburg zu Bayern und blieb, wie der übrige heutige Rupertiwinkel auch 1816 bayerisch, als das übrige Land Salzburg zu Österreich kam.

Kurz vor dem Ende des Zweiten Weltkriegs wurde Freilassing durch Bombenangriffe schwer beschädigt. Weil Züge der Nationalsozialisten in Richtung Berchtesgaden, wo die Alliierten am Obersalzberg eine „Alpenfestung" Hitlers vermuteten, über Freilassing kamen, wurden die Bahnanlagen zum Angriffsziel erkoren. Das Bahnhofsgebiet mit zahlreichen Wohnhäusern wurde in Schutt und Asche gelegt, 70 Freilassinger starben. Damit hat Freilassing, das seinen Aufstieg weitgehend der Bahn zu verdanken hat, auch einen schmerzlichen Preis dafür bezahlt.

Nach dem Krieg, bis in die 60er Jahre, ließen sich viele Heimatvertriebene aus den osteuropäischen Gebieten in Freilassing nieder. Die Hälfte der Neubürger, die ihre Heimat verloren hatten, kam aus dem Sudetenland, viele aus Schlesien. Die Zahl der Flüchtlinge und Heimatvertriebenen stieg am Ende der 1960er-Jahre bis auf über 3000 Personen an und machte teilweise 30 % der Einwohner aus. Sie gründeten zahlreiche neue Betriebe und brachten damit dem Ort einen Wachstumsschub. Die Integration der Heimatvertriebenen in einem weitgehend zerstörten Land ist eine bewundernswerte Leistung.

Vor dem Hintergrund des rasanten Bevölkerungszuwachses wurde Freilassing 1954 zur Stadt erhoben. Die wirtschaftliche Stärke beruht vorwiegend auf Industrie, Handwerk und Handel, bedeutsam ist auch die Nähe des Salzburger Flughafens.

Wirtschaft

Wegen der strategisch günstigen Lage – Österreich war noch kein EU-Land – gründeten zahlreiche namhafte Firmen Österreichs Niederlassungen in Freilassing. Vom Hightech-Betrieb über weltweit tätige Firmen bis zu traditionellen Handwerksbetrieben reicht das Spektrum der in Freilassing ansässigen Unternehmen. Ebenso vielfältig ist das Angebot an qualifizierten Ausbildungs- und Arbeitsplätzen in den Betrieben. Auch die mittelständischen Unternehmensstrukturen stellen eine bedeutsame Wirtschaftskraft dar. Ein vielseitiges Dienstleistungsangebot rundet das Wirtschaftsspektrum der Stadt Freilassing ab. Die Zahl der Arbeitsplätze liegt bei etwa 7000. Der 2008 eingeweihte Globusmarkt rundet das Angebot der Einkaufsstadt Freilassing ab.

Bemerkenswert ist das Angebot der Stadt für innovative Firmengründer speziell im Bereich Informations- und Kommunikationstechnologie. Im Technologiezentrum Freilassing (Techno-Z) stehen technologieorientierten Unternehmen 2800 m² Büroräume mit bester technischer Infrastruktur zu günstigen Konditionen zur Verfügung. Schon eineinhalb Jahre nach der Eröffnung 1993 wurde eine volle Auslastung durch 25 junge Unternehmen erreicht. Das Freilassinger Technologiezentrum wurde damit zum erfolgreichsten in Bayern.

1998 wurde Freilassing durch Wirtschaftsminister Otto Wiesheu der Bayerische Qualitätspreis, verbunden mit dem Prädikat „Die wirtschaftsfreundliche Gemeinde“ verliehen.

Die Stadt ist Mitglied in der EuRegio Salzburg – Berchtesgadener Land – Traunstein, die auch ihren Sitz in Freilassing hat. Dabei handelt es sich um einen freiwilligen Zusammenschluss auf kommunaler Ebene von Gemeinden, Landkreisen, Interessensvertretungen und Privatpersonen mit dem Ziel, den Europagedanken auf regionaler Ebene umzusetzen. Die Zusammenarbeit zwischen bayerischen und österreichischen Gemeinden wird in vielerlei Hinsicht (Tourismus, Verkehr, Kultur, Wirtschaft, Sport u. a.) durch EU-Mittel unterstützt.

Der Bau eines äußerst attraktiven Freibades sowie des Sportparks verbesserten den Freizeitwert der Stadt und förderten damit auch den Fremdenverkehr, der in Freilassing wegen der Nähe seiner berühmten Nachbarn Salzburg, Bad Reichenhall und Berchtesgaden kein Haupterwerbszweig ist. Der Sportpark mit einer Fläche von 100 000 m², der nicht zuletzt dem Schulsport dienen sollte, wurde 1978 fertiggestellt. Die Anlage mit dem klangvollen Namen Badylon mit Schwimm- und Sporthalle sowie verschiedenen Sportplätzen kostete stattliche 20 Millionen DM. Bei der Einweihung fand ein Fußballspiel statt, bei dem der örtliche ESV den FC Bayern München mit Beckenbauer, Breitner und Müller erwartungsgemäß nicht schlagen konnte.

Ein wichtiger Schritt in der wirtschaftlichen Entwicklung war die Erschließung des Industriegebiets Kesselpoint, als am Ende der 1960er-Jahre das bisherige Industriegebiet am Gelände des ehemaligen Heereszeugamtes vollständig bebaut war. Um neue Betriebsansiedlungen zu ermöglichen, erwarb die Stadt Anfang der 70er-Jahre Grundstücke mit einer Gesamtfläche von 300 000 m² im nördlichen Ortsgebiet. Neben den ortsansässigen Unternehmen nutzten auch andere, z. B. aus Bad Reichenhall, München oder Österreich das Angebot günstiger Grundstückspreise und gründeten bzw. vergrößerten ihre Unternehmen.

Ein großer Arbeitgeber in Freilassing ist die Firma Kiefel GmbH, ein weltweit tätiger Hersteller von Serien- und Sondermaschinen für die Verarbeitung von Kunststoff und Spezialist in den Form- und Fügetechnologien. Als Partner namhafter Hersteller liefert das Unternehmen u. a. in die Kühlschrank-, Medizintechnik-, Verpackungs- und Automobilindustrie. Als einer der Marktführer ist Kiefel in der Planung, Entwicklung und Fertigung von Fahrzeuginnenteilen aus Kunststoff bei nahezu allen Automobilherstellern beteiligt. Patentierte Kiefel-Verfahren, wie das neue ASC-Nietverfahren, haben sich durchgesetzt und werden u. a. in der Fertigung des Audi A6, der neuen BMW Serien oder des Porsche Cayenne eingesetzt.

Ein weiteres in Freilassing ansässiges Unternehmen mit internationaler Bedeutung ist die Firma Robel Bahnbaumaschinen GmbH. Das 1901 gegründete Unternehmen entwickelte sich rasch zum Spezialisten für Bahnbaugeräte und Maschinen. Heute hat die Firma mit ihren über 400 Mitarbeitern einen hervorragenden Ruf als Hersteller und Lieferant von komplexen Lösungen gerade bei individuellen

Traditionelles internationales Schornsteinfegertreffen in Freilassing

Freilassinger Pfarrkirche St. Rupert

In der Fußgängerzone laden Straßenbäume, Sitzgruppen und Brunnen zum Bummeln und Verweilen ein

Kundenwünschen. Gefertigt werden mehr als 100 unterschiedliche Produktgruppen (Klein- und Sondermaschinen, Arbeitsfahrzeuge etc.), die bei Bahn- und Gleisbauarbeiten in über 70 Ländern der Welt zum Einsatz kommen.

Noch drei Betriebe machten Freilassing weit über die regionalen Grenzen bekannt. 1924 gründete der Maurermeister Max Aicher ein Baugeschäft, das seit 1964 von seinem Sohn Dipl.-Ing. Max Aicher geleitet wird und sich seither neben dem Hochbau auf Straßen-, Brücken-, und Tiefbauarbeiten spezialisierte. 1975 erwarb Aicher die Annahütte in Hammerau und rettete damit das älteste Stahlwerk Europas vor dem Zusammenbruch. Heute produzieren die Annahütte und ein weiteres Stahlwerk in Ungarn jährlich 1,5 Millionen Tonnen Stahl. Derzeit beschäftigt die Unternehmensgruppe Max Aicher über 2500 Mitarbeiter und ist über die Stahlproduktion hinaus im Bau- und Immobiliensektor sowie im Bereich Umwelt und Recycling aktiv.

1936 gründete Josef Schnitzer ein Autohaus mit Fahrschule, das 1966 von seinen Söhnen Josef und Herbert Schnitzer übernommen wurde. Sie gründeten 1967 eine Rennsportabteilung, die für BMW arbeitet und unter dem Namen BMW-Schnitzer-Team über Jahre beachtliche Erfolge erzielen konnte. Das Team gewann Meisterschaften in Deutschland, England, Italien, Japan und USA und errang sogar Europa- und Weltmeistertitel. Ein herausragender Erfolg war 1999 der Sieg im 24-Stunden Rennen von Le Mans.

Als weitere herausragende Firma ist die Hawle Armaturen GmbH zu nennen. Die 1967 gegründete Firma zählt heute mit einigen hundert Mitarbeitern zu den führenden Herstellern von Armaturen, Flanschen, Ventilen und Formstücken etc. Mehrere weltweit wegweisende technische Innovationen wurden in Freilassing entwickelt.

Das 1927 erbaute „Alte Feuerwehrhaus" in der Lindenstraße beherbergt seit 1998 das Stadtmuseum

Grundschule Freilassing Georg-Wrede-Platz

Fußgängerzone

Ab 1978 gab es Überlegungen, die Bedeutung des Bereiches um die Haupt- und Lindenstraße zu stärken. War in früheren Jahrzehnten dieser Bereich unangefochten Mittelpunkt allen geschäftlichen Treibens in Freilassing, drohte sich das durch die Expansion von Verkaufsflächen und auch die Verlagerung des Rathauses weiter nach Westen in den Bereich der Münchner Straße zu verlagern. Trotz großer Befürchtun-

gen vieler Gewerbetreibender hinsichtlich einer autofreien Hauptstraße konnte eine Einigung doch erreicht werden. Am 8. September 1990 wurde die Fußgängerzone feierlich eröffnet. Straßenbäume, Sitzgruppen und Brunnen schaffen eine freundliche Atmosphäre und laden zum Bummeln und Verweilen ein, sodass niemand mehr dem Werbeslogan von der „autofreundlichen Einkaufsstadt" nachtrauert. 1993 und 1994 wurde dann auch die Lindenstraße mit dem Platz vor dem alten Feuerwehrhaus einschließlich der Jahnstraße umgestaltet. In der Lindenstraße befindet sich das Freilassinger Stadtmuseum, in dem man sich über die Geschichte der jungen Stadt informieren kann. Das Museum ist in fünf Abteilungen gegliedert: Vor- und Frühgeschichte, Ortsentwicklung, Grenze, Eisenbahn und Wirtschaft. In der ersten Abteilung kann in einem Schaugrab eine junge Bajuwarin besichtigt werden, die vor 1300 Jahren hier gelebt hat und mit reichen Grabbeigaben bestattet wurde.

Pfarrkirche Mariä Himmelfahrt in Salzburghofen

Gepflegte Wirtshauskultur in Freilassing

Dachuntersicht mit monatlichen Darstellungen aus dem bäuerlichen Leben beim Mirtlwirt

Pfarrkirche St. Rupert

Städtebaulicher Mittelpunkt von Freilassing ist seit 1926 die große St.-Rupertus-Kirche, die die Silhouette der Stadt prägt, gerade wenn man sich von Osten, von Salzburg her nähert. Eindrucksvoll ist das mächtige Kirchenschiff mit dem hohen schlanken Turm, der mit über 74 Metern die Höhe der Salzburger Domtürme erreicht. Planender Architekt war Adolf Muesmann aus Dresden, der eine dem gotischen Stil angenäherte Wandpfeilerkirche schuf. Die Ausmalung innen tätigte Professor Josef Eberz aus München in den Jahren 1926 bis 1938. Zunächst war das neue Gotteshaus eine Filiale der alten Pfarrkirche von Salzburghofen. Am 1. Januar 1939 wurde St. Rupert zur Pfarrkirche erhoben.

Salzburghofen

Salzburghofen, aus dem Freilassing hervorging, ist heute ein Ortsteil im Norden der Stadt. Grabfunde lassen darauf schließen, dass schon die Römer und Bajuwaren hier siedelten. Im 8. Jahrhundert besaßen die Karolinger hier einen Königshof, 908 kam der Ort durch Schenkung in den Besitz der Salzburger Bischöfe. Vom Ende des 13. bis zum Anfang des 17. Jahrhunderts hatte Salzburghofen den Status einer Hofmark, die Bewohner waren Untertanen des Salzburger Erzbischofs. Bemerkenswert sind zwei Kirchenbauten: Die Pfarrkirche Mariä Himmelfahrt, bei der auch der Freilassinger Friedhof liegt, wird im Jahr 1150 erstmals erwähnt, sie dürfte jedoch viel älter sein. Im Jahr 1740 erfuhr sie eine barocke Umgestaltung. Dem Bildhauer Wolfgang Hagenauer verdankt sie den stattlichen Hochaltar von 1775. Außerhalb der Gottesdienste ist leider nur der Vorraum zugänglich.

Wenige Fußminuten entfernt liegt inmitten alter Bauernhäuser die kleine Filialkirche St. Peter. Das spätgotische, im Jahr 1477 geweihte Kirchlein besitzt farbreiche spätgotische Fresken mit Blumen- und Früchtemustern, die erst bei Renovierungsarbeiten in den 60er-Jahren freigelegt wurden.

Salzburghofen (im Vordergrund), aus dem Freilassing hervorging, vor der Kulisse der Berchtesgadener Alpen

Moderne Geschäfte in der Münchner Straße

Rechte Seite: Die Berchtesgadener Landbahn im Bahnhof von Freilassing, Knotenpunkt von vier Bahnstrecken an der Grenze zu Salzburg

Lokmuseum Freilassing im historischen Rundlokschuppen. Das Museum mit Bezug zur Geschichte der Stadt, die unmittelbar mit der Eisenbahn verknüpft ist.

Lokwelt Freilassing

Im Sommer 2006 eröffnete die Stadt Freilassing in Zusammenarbeit mit dem Deutschen Museum München im historischen Rundlokschuppen das Eisenbahnmuseum Lokwelt. Die zwanzig Gleisstände umfassende, in den Jahren 1902 bis 1905 erbaute „Garage für Lokomotiven“, in der rund 90 Jahre lang rege Betriebsamkeit herrschte, wurde im Jahre 2003 von der Stadt Freilassing erworben und umfassend saniert. Nun können in dem denkmalgeschützten Rundlokschuppen mit seinem bemerkenswerten Dachtragewerk ausgewählte Lokomotiven und Großobjekte aus dem Bestand des Deutschen Museums präsentiert werden. Die Exponate umfassen Dampflokomotiven aus der Zeit vor der Jahrhundertwende ebenso wie Elektroloks der 30er Jahre und andere Raritäten.

Das Museum stellt einen Bezug her zur Geschichte Freilassings, die aufs Engste mit der Eisenbahn verknüpft ist. Noch in den 1970er- und 80er-Jahren waren mehr als 1000 Mitarbeiter im Bahnhof, im Bahnbetriebswerk, in der Bahnmeisterei und in der Fahrleitungsmeisterei beschäftigt.

Freilassing

Das Stadtwappen von Freilassing

Der Ausee, Idyll am Ortsrand

Mühlbach

Laufen

Höhenlage: 400 m
Fläche: 35,3 km²
Einwohner: 6 650

Partnergemeinden:
Brioude in Frankreich
Laufen in der Schweiz
Leobendorf in Österreich

Salzachschleife bei Laufen mit Stiftskirche Mariä Himmelfahrt und Europasteg. Die Johann-Nepomuk-Statue erinnert an einen jahrhundertealten Flussübergang an der Stelle

Laufen

Ortsteile

Abtsee, Arzenpoint, Au, Au bei Stögen, Baumgartenöd, Berg, Biburg, Bubenberg, Daring, Daxmühle, Dorfen, Ehemoosen; Emmering, Erlach, Esing, Fisching, Friedelreuth, Froschham, Gastag, Geisbach, Haarmoos, Hagmühl, Haiden, Harpfetsham, Hasenhaus, Hauspoint, Heinigermühle, Höfen, Hötzling, Hungerberg, Kafling, Kletzling, Knall, Kulbing, Lebenau-Forstgarten, Leobendorf, Lepperding, Letten, Mayerhofen, Moosham, Niederheining, Niedervillern, Oberhaslach, Oberheining, Öd im Moos, Osing, Pfaffing, Röderberg, Rudholzen, Schnapping, Schrankbaum, Seeleiten, Seethal, Steinbach, Steinbachl, Stockham, Stögen, Straß, Streitwies, Thannberg, Thannhausen, Triebenbach, Unterhaslach, Wiedmannsfelden

Die Stadt Laufen liegt etwa 15 Kilometer nördlich von Salzburg am Alpenfluss Salzach, die die Grenze zu Österreich bildet. Auf der anderen Flussseite liegt die einstige Vorstadt Laufens, Oberndorf bei Salzburg. Bis zur Landkreisgebietsreform 1972 war Laufen Kreisstadt des Landkreises Laufen. Erstmals urkundlich erwähnt wurde der Ort im Jahr 748. Es besteht eine Städtepartnerschaft mit Brioude in Frankreich und Ortspartnerschaften mit Leobendorf in Niederösterreich und Laufen in der Schweiz.

Die Umgebung Laufens gehört zum Alpenvorland und stellt eine relativ flache Moränenlandschaft mit Höhen von 400 bis 460 Metern und einigen Mooren dar. Die Gegend ist sanft hügelig und in weiten Teilen bewaldet. Höchster Berg in der näheren Umgebung ist der 836 Meter hohe Haunsberg, der bereits auf österreichischem Staatsgebiet liegt. Außer an Österreich grenzt Laufen an die Gemeinden Kirchanschöring und Petting (beide Landkreis Traunstein) sowie Saaldorf-Surheim (Landkreis Berchtesgadener Land).

Die Altstadt von Laufen liegt in einer Flussschleife der Salzach. Eine oberflächennahe Nagelfluhschwelle lenkte den Fluss ab und ließ jene Landzunge entstehen, die, vom Wasser auf drei Seiten geschützt, einen sicheren Siedlungsort bildete. Schon die Kelten erkannten das und benutzten den Fluss als Transportweg für das von ihnen gewonnene Salz. Von der althochdeutschen Bezeichnung „Loffi" für die schnelle Strömung bzw. die Stromschnellen dort hat Laufen seinen Namen. Die erste urkundliche Erwähnung Laufens als „urbs" (= Stadt) datiert um das Jahr 1050.

Dank der Salztransporte entwickelte sich Laufen zu einer wohlhabenden Handelsstadt. Das Reichenhaller, vor allem aber das Halleiner bzw. Dürrnberger Salz gelangte auf der Salzach flussabwärts an Laufen vorbei über Tittmoning und Burghausen zunächst nach Passau, einem Hauptumschlagplatz, wo sich große Salzlager befanden. Die günstige Lage an Inn, Donau und Ilz verlieh der Dreiflüssestadt Passau eine fast monopolartige Stellung für den Handel mit Salz, das von hier auf dem Wasserweg stromaufwärts bis Regensburg, stromabwärts bis Wien transportiert wurde. Die enge Flussschleife mit den Stromschnellen bei Laufen war ein gefährliches Hindernis. Die mit der kostbaren Fracht beladenen „Salzplätten" konnten die Stelle nicht passieren. Das Salz musste deshalb vor den Stromschnellen ausgeladen und auf Karren über den Landweg transportiert und hinter der Gefahrenstelle wieder eingeladen werden. Ab Laufen konnte der Fluss mit größeren Schiffen befahren werden. Erst 1773 wurde das die Stromschnellen verursachende Felsriff, der „große Nocken", gesprengt.

Der aufstrebende Ort an der Salzach zog zahlreiche Arbeitssuchende aus der Umgebung an – Händler, Bürger und Handwerker –, sodass der Platz auf der schmalen Halbinsel bald zu eng wurde. Es entstanden die Vororte Oberndorf und Altdorf am anderen Ufer.

Die Bevölkerung war streng ständisch gegliedert. Da gab es das alte, dem Landadel entstammende Geschlecht der Schiffherren, die absolute Oberschicht. Danach kamen die Schiffer, ein Bürgerstand, der in der Schiffergilde zusammengefasst war. Den weitaus größten Teil machte die Gruppe der Schiffleute aus. Unter ihnen herrschte eine strenge Rangordnung, je nach genau festgelegter Tätigkeit. Man unterschied Schiffknechte, Helfersknechte und Plättenführer oder Salzheber. Dann gab es da noch die „Starioten", die die „Naufergen" beim Markieren der Stromrinne unterstützten, und die „Seßthaler", die den Lauf des Schiffes lenkten. Als „Scharler" wurden die rudernden Schiffer bezeichnet. Ein unehelicher Schiffer, ein „Strohbankert", konnte nur Scharler werden. Ein weiterer Aufstieg blieb ihm verwehrt. Auf der untersten Stufe standen die „Armen Leut", die bis ins 15. Jahrhundert hinein, als man Pferde einzusetzen begann, die Aufgabe hatten, die Plätten per Hand flussaufwärts zu ihren Ausgangsorten zurückzuziehen. Unter den Handwerkern nahmen die „Schopper", die Schiffsbauer, die wichtigste Rolle ein.

Aufzeichnungen gemäß kam es 1782 in Laufen zur Durchführung von 1453 „Hallfrachten" (= Salztransporte), 1100 Menschen fanden als Schiffer Arbeit. Zwischen 1790 und 1800 wurden 6000 Salzschiffe gebaut. Neben dem Salz

Die Altstadt von Laufen betritt man durch zwei gut erhaltene Stadttore

Stattliche Bürgerhäuser um den Stadtplatz von Laufen (Marienplatz) erinnern an den Wohlstand in den Zeiten der Salzschifffahrt

Laufen

wurden zu Wasser auch andere Güter wie Holz, Pelze oder „Berchtesgadener War" (in Heimarbeit gefertigtes Holzspielzeug) und vieles mehr befördert. Aufzeichnungen liefern konkrete Zahlen: in den Jahren 1847 bis 1852 wurden demnach 321 000 Zentner Braunkohle und 24 000 Klafter Holz nach Wien und 137 000 Zentner Untersberger Marmor zur Walhalla nach Regensburg verfrachtet. Stromaufwärts waren es 3870 Zentner Eisengusswaren, die für den Wiederaufbau der Saline in Reichenhall benötigt wurden. Außerdem fielen pro Jahr durchschnittlich 180 000 Zentner bayerisches und 130 000 Zentner österreichisches Salz an.

Im 13. Jahrhundert erwarben die Salzburger Erzbischöfe vom Herzogtum Bayern das Gebiet des späteren Rupertiwinkels, zu dem Laufen gehört. 1403 erhielt der Ort das Marktrecht. 1810 kam Laufen, das jahrhundertelang zu Salzburg gehört hatte, zunächst mitsamt dem Salzburger Land zu Bayern. Salzburg wurde 1816 durch den Münchner Vertrag wieder abgetrennt, Laufen verblieb unter bayerischer Hoheit. Seitdem ist die Grenze zwischen Bayern und Österreich endgültig festgelegt, und zwar in der Salzachmitte zwischen Laufen und den Vorstädten Altach und Oberndorf am jenseitigen Ufer, die plötzlich Ausland wurden. Die neuen Grenzverhältnisse brachten vielerlei Probleme, besonders gravierende Auswirkungen hatte jedoch der Bau mehrerer Eisenbahnlinien, die für den Salztransport auf dem Wasserweg das Ende bedeuteten. Der letzte königlich-bayerische Salztransport auf der Salzach wurde im Jahr 1866 durchgeführt. Pläne, auf der Salzach eine Dampfschifffahrt zu etablieren, waren zum Scheitern verurteilt. Zwar kam 1860 das von der Schiffergemeinde angeschaffte Dampfschiff St. Rupertus in Laufen an, doch weitere Fahrten scheiterten in erster Linie an den niedrigen Brücken und der starken Strömung der Salzach. Mit dem Ende der Schifffahrt war Laufen die Lebensgrundlage entzogen und bei den Bewohnern kehrte große Not ein. Beim Jahrhunderthochwasser 1899 stieg der Wasserpegel mehr als zehn Meter über Normal. Die Salzachbrücke wurde zerstört und viele Häuser in Ufernähe so beschädigt, dass sie abgerissen werden mussten.

Erhaltenes Schifferbrauchtum auf der Salzach: „Himmelbrotschutzen" anlässlich Fronleichnam

Das Schifferstechen geht auf mittelalterliche Ritterspiele zurück

Von wirtschaftlicher Bedeutung in Laufen sind heute vorwiegend Familienbetriebe und kleinere Firmen in Handel, Gewerbe und Handwerk sowie der Fremdenverkehr. Große Industrieunternehmen fehlen. Zusammen mit den umliegenden Gemeinden bildet Laufen den Touristikverband Abtsdorfer See. Das Voralpenland bietet vielfache Möglichkeiten zum Wandern und Radfahren in reizvollen wald- und wiesenreichen Landschaften mit Blick auf die Alpen. Lohnende Radwanderwege gibt es entlang der Salzach. Beliebt als Naherholungsgebiet ist besonders die Gegend um den Abtsdorfer See.

Linke Seite: Altstadt von Laufen in der Flussschlinge der Salzach mit historischer Salzachbrücke (links) nach Oberndorf, das bis 1816 zu Laufen gehörte, und Europasteg (rechts).
Im Hintergrund die Berchtesgadener Alpen mit Untersberg, Watzmann und Hochkalter, das Hochstaufenmassiv (Bildmitte) und die Chiemgauer Alpen

Laufen

Mächtiger Kirchenbau der Stiftskirche Mariä Himmelfahrt in der Altstadt von Laufen mit der berühmten Barockkrippe und dem Krippenjackl zur Weihnachtszeit

Altstadt

Die Altstadt von Laufen betritt man durch die zwei gut erhaltenen Stadttore: das Obere (Salzburger) Tor und das Untere. Nur wenige Reste der alten Stadtmauer erinnern daran, dass Laufen früher eine befestigte Stadt war. Vom Oberen Tor gelangt man durch die kurze Schlossstraße zu dem fast quadratisch angelegten Stadt- und Marktplatz, Marienplatz genannt, wo stattliche Bürgerhäuser ringsum an den früheren Wohlstand des Ortes erinnern. Im Haus mit der Marienstatue, dem Schiffmeister-Tettenpacher-Haus, wurde 1866 der Schriftsteller Erwin Schmidhuber geboren, besser bekannt unter seinem Pseudonym Michael Kohlhaas.

Typisch für den Baustil der Inn-Salzachstädte sind die hochgezogenen Fassaden, die im Brandfall die dahinter liegenden Dächer vor Funkenflug schützen sollten. Vom Marienplatz gelangt man auf der malerischen Rottmayrstraße in gerader Richtung, vorbei an stilvollen alten Häuserfassaden, zur großen Pfarr- und Stiftskirche Mariä Himmelfahrt.

Stiftskirche Mariä Himmelfahrt

Dem mächtigen Kirchenbau kommt als ältester gotischer Hallenkirche Süddeutschlands kunstgeschichtliche Bedeutung zu. Erbaut wurde sie zwischen 1330 und 1338. Während mehrschiffige gotische Kirchen im allgemeinen ein hohes Mittelschiff und niedrigere Seitenschiffe aufweisen, wurden hier zum erstenmal im süddeutschen Raum drei gleichhohe Kirchenschiffe errichtet, deren Deckengewölbe von mächtigen Pfeilern getragen werden. Die Kirche birgt zahlreiche bedeutende Kunstwerke: Gotische Altartafeln aus dem 15. Jahrhundert, mehrere spätgotische Grabdenkmäler aus Adneter Marmor sowie im rechten Seitenaltar ein Bild des hl. Rupertus von Johann Michael Rottmayr (1654 – 1730). Ihm, dessen Werke man in vielen Schlössern, Kirchen und anderen bedeutenden Bauwerken bis Wien und Breslau findet, ist der Vorplatz der Kirche gewidmet.

Auf drei Seiten um die Kirche ist arkadenartig der Kreuzgang angelegt, der als Grablege für die Laufener Bürgerschaft mit vornehmer Abstammung diente. An den Wänden wie auch im Boden eingelassen finden sich über 200 alte Grabsteine. Die für das 14. Jahrhundert erstaunliche Größe der Stiftskirche zeugt vom früheren Wohlstand der ansonsten eher kleinen Schifferstadt an der Salzach.

Kapuzinerkirche St. Peter mit ehem. Kloster

Die Kapuzinerkirche nahe des Oberen Stadttores ist eher weniger bekannt. Seit dem Jahre 1647 waren die Kapuziner in Laufen seelsorglich tätig. Dass sie sich in Laufen an der Salzach niederlassen konnten, ist das Verdienst des Salzburger Erzbischofs Johann Ernst Graf von Thun, der ein Gönner und Förderer dieses Bettelordens war. 1655 erfolgte die Genehmigung und die Grundsteinlegung des Klosterbaus. Bereits 1659 fand die Weihe der Klosterkirche St. Peter statt, für die der Erzbischof das Hochaltarbild stiftete.

Auf Grund mangelnden Nachwuchses musste das Kloster 1993 vom Orden aufgegeben werden. Seit 1996 ist im ehemaligen Kloster die Bayerische Akademie für Naturschutz und Landschaftspflege untergebracht. Nach dem gelungenen Umbau wird der Baukomplex als Erwachsenen- und Umweltbildungszentrum mit Gastwirtschaft genutzt. Die für ein Kapuzinerkloster charakteristischen Merkmale und die aus denkmalpflegerischer Sicht wertvollen Elemente wurden erhalten. Im Klostergarten schuf man nach historischem Vorbild die für die Kapuziner typischen Obstspaliere. Er bleibt so ein Ort der Muße und Entspannung. Die Klosterkirche ging an die Pfarrei Mariä Himmelfahrt in Laufen. Nebenan befindet sich der Alte Laufener Friedhof.

Historische Salzach-Brücke

Von der Nordostecke des Marienplatzes überspannt seit 1903 eine mächtige, 165 Meter lange Eisenbrücke die Salzach nach Neu-Oberndorf. Die Jugendstil-Eisenkonstruktion entstand als österreichisch-bayerisches Gemeinschaftsprojekt. Auf zwei steinernen Pfeilern wurden zwei jeweils 14 Meter hohe Pylone aufgesetzt, an denen die Fahrbahn aufgehängt ist. Beide Pylone wurden als eiserne Triumphbögen ausgeführt, die reich mit Verzierungen und Wappen geschmückt sind.

Westtrakt des Kreuzganges mit Grabdenkmälern adeliger und bürgerlicher Familien

Die Kapuzinerkirche St. Peter mit Kloster von 1655 befindet sich heute im Besitz der Akademie für Naturschutz und Landschaftspflege

Laufen

Sonderbriefmarke anlässlich des 100jährigen Bestehens der Salzachbrücke

Anlässlich des hundertjährigen Bestehens der Brücke gaben die Deutsche Post und die Österreichische Post 2003 eine gemeinsame Sonderbriefmarke heraus.

Spätestens ab dem 13. Jahrhundert bis zum Hochwasser im Jahr 1899 bestand genau auf der anderen Seite der Landzunge vor dem unteren Stadttor ein Flussübergang. Die Brücke war lange Jahrhunderte der einzige Flussübergang zwischen Salzburg und Burghausen. Ihr kam deshalb größte Bedeutung für die Stadt zu, die schon früh einen Verkehrsknotenpunkt darstellte. Der Flussverkehr in Süd-Nordrichtung kreuzte hier die Straße, die von Reichenhall im Westen über die Salzach nach Osten, nach Mattighofen und ins Innviertel führte. An die Brücke erinnert heute eine vom Laufener Bildhauer Anton Pfaffinger geschaffene große Johann-Nepomuk-Statue am jenseitigen Ufer. Von der Statue führt eine monumentale Treppenanlage zur Kalvarienbergkapelle an der oberen Hangkante. Seit 2006 gibt es hier wieder einen Übergang für Fußgänger, die Europabrücke. Die Landzunge kann auf einem schönen Spazierweg zwischen den beiden Brücken umwandert werden.

Historische Salzachbrücke von 1903 zwischen Laufen und Oberndorf

Oberndorf

Am jenseitigen Ufer der großen Eisenbrücke liegt das früher zu Laufen gehörige, heute österreichische Oberndorf mit der berühmten, 1937 erbauten Stille-Nacht-Kapelle. Sie liegt dicht am Flussufer an Stelle der früheren St. Nikolaus Kirche, die nach dem Hochwasser 1899 abgebrochen wurde. In dieser St. Nikolaus Kirche erklang am Heiligen Abend 1818 zum ersten Mal das von Hilfspriester Joseph Mohr gedichtete und vom Lehrer und Organisten Franz Gruber vertonte Lied von der stillen, heiligen Nacht. Von dem kleinen Ort im Voralpenland an der Salzach ausgehend wurde das Lied, das zunächst Zillertaler Wandersänger im deutschen Sprachraum bekannt machten, schließlich weltberühmt. Heute gibt es Übersetzungen in mehr als 300 Sprachen und Dialekte. Die Stille-Nacht-Kapelle ist heute eine Touristenattraktion,

Stille-Nacht-Kapelle in Oberndorf

die von Gästen aus der ganzen Welt aufgesucht wird. 1997 wurde die Entstehung des Liedes von dem Regisseur Franz Xaver Bogner verfilmt („Das ewige Lied").

Schloss Triebenbach

Auf halber Strecke zwischen Laufen und Surheim liegt das Schloss Triebenbach. Der würfelartige Bau mit mächtigem Walmdach, Turm und kleiner Schlosskapelle, inmitten von Wiesen, Feldern und Äckern in der Salzachniederung gelegen, hat einst glanzvolle Zeiten gesehen. Der 1355 errichtete Wohnbau mit Torturm war bis ins frühe 19. Jahrhundert im Besitz von Familien des Salzburger Landadels. Joachim von Schidenhofen, der mit dem Vater von Wolfgang Amadeus Mozart befreundet war, lud das Musikgenie des Öfteren zum Musizieren in das Schloss ein. Das Schloss in seiner heutigen Form ist das Ergebnis mehrerer Umbauten und Renovierungen. Früher war es von einem Wassergraben umgeben. Unverändert erhalten blieb die Schlosskapelle Maria Schnee aus dem 17. Jahrhundert, deren Deckenbild „Anbetung der Könige" von Andrä Langwieder gemalt wurde. Das Altarbild zeigt das Gnadenbild von Montserrat. Das altehrwürdige Schloss ist geradezu prädestiniert für künstlerische Darbietungen. Bunt gemischt ist das Programm der Salzachfestspiele, die alljährlich hier stattfinden.

Zwei-Städtelauf von Oberndorf nach Laufen über die Jugendstil-Eisenkonstruktion der Salzachbrücke

Schloss Triebenbach bei Laufen, Veranstaltungsort der jährlich stattfindenden Salzachfestspiele

Abtsdorfer See

Zur Laufener Landschaft gehört auch der vier Kilometer von der Stadt entfernte Abtsdorfer See. Der kleine Moorsee, Relikt aus der Eiszeit, erwärmt sich rasch und ist bei Badefreunden entsprechend beliebt. Bis in den Oktober währt oft die Saison. Für Wanderer ist ein Rundweg um den See geboten. Mitten im See liegt eine dicht bewaldete Insel, „Burgstall" genannt. Dort stand im Mittelalter eine Burg, von der heute nichts mehr zu sehen ist. Ihre Besitzer, die Burgherren von Kuchel, waren eines der berühmtesten Ministerialengeschlechter Salzburgs. Nah am See steht die Filialkirche Abtsdorf, die eine sehenswerte Frühbarockausstattung mit einem Altarbild von Joh. Michael Rottmayr und einen gotischen Freskenzyklus der Vierzehn Nothelfer aufweist. Westlich vom Abtsdorfer See liegt das Landschaftsschutzgebiet Haarmoos, das zum Gemeindegebiet von Saaldorf-Surheim gehört.

Linke Seite: Abendstimmung am Abtsdorfer See

Laufener Ortsteil Leobendorf aus der Luft

Seebad am Abtsdorfer See, im Hintergrund die Chiemgauer Alpen

Naturschutzgebiet Haarmoos im Winter

Eisstockschützen am Abtsdorfer See

Saaldorf-Surheim

Höhenlage: 450 m
Fläche: 39,1 km²
Einwohner: 5 300

Partnergemeinde:
Kövágóörs in Ungarn

Abtsdorf mit dem Abtsdorfer See, im Hintergrund das Tennengebirge

Saaldorf-Surheim

Ortsteile

Abtsdorf, Aich, Au, Berchtolding, Berg, Breitenloh, Brünnthal, Döderholzen, Gausburg, Geigl, Gerspoint, Großgerstetten, Haarmoos, Haasmühl, Haberland, Hausen, Himmelreich, Holzhausen, Isselau, Kemating, Kleingerstetten, Kling, Langwied, Leustetten, Loh, Maulfurth, Moosen, Mooswastl, Muckham, Neuhaberland, Neukling, Neusillersdorf, Oberholzen, Obersurheim, Öd, Pendelhagen, Pirach, Ragging, Reit, Saaldorf, Schign, Schmidbauer, Schrankbaum, Seebichl, Seethal, Sillersdorf, Spitz, Spitzer, Surheim, Steinbrünning, Stockach, Stützing, Wiederlohen, Wimpasing

Pfarrkirche St. Stephanus in Surheim mit dem Lattengebirge im Hintergrund

Nördlich von Freilassing, in Höhe eines Drittels des Weges nach Laufen, liegt das Gemeindegebiet von Saaldorf-Surheim. Landschaftlich dominiert wald- und wiesenreiches Hügelland. Ganz in der Nähe fließt die Salzach, die die östliche Gemeindegrenze und zugleich Grenze zu Österreich darstellt. Im Süden grenzt die Gemeinde an Freilassing und Ainring, im Westen an Teisendorf, im Norden an Laufen. Das Gemeindegebiet wurde 1818 nach der Abtrennung von Salzburg aus sieben ehemaligen Gerichtsvierteln der Pfleggerichte Oberlebenau und Staufeneck gebildet. 1978 wurden die vormals selbstständigen Gemeinden Saaldorf und Surheim zu einer Einheitsgemeinde zusammengeschlossen, seit 1994 lautet der Gemeindename Saaldorf-Surheim. In den letzten Jahrzehnten hat die landwirtschaftlich geprägte Gemeinde einen starken Einwohnerzuwachs erfahren. Ausgrabungen aus der Bronzezeit belegen, dass auch das Gemeindegebiet von Saaldorf-Surheim uraltes Siedlungsgebiet ist. Durch das Gebiet von Surheim führte eine Römerstraße, später eine Handelsstraße von Salzburg nach Laufen, für die um 1500 die Maut an der Sur eingerichtet wurde. Saaldorf war eine wichtige Station an der Salzstraße von Reichenhall über Brodhausen nach Burghausen. Später war das fruchtbare Salzach-Hügelland die Kornkammer des Erzbistums Salzburg.

Von der großen Frömmigkeit der Vorfahren zeugen die sieben Kirchen im Gemeindegebiet. Die Saaldorfer Pfarrkirche St. Martin aus dem Mittelalter wurde 1914 – 15 unter großen Opfern neu und größer gebaut, die Surheimer Pfarrkirche St. Stephanus basiert auf einer romanischen Anlage und wurde in der Gotik errichtet. Die übrigen fünf Nebenkirchen in Abtsdorf (St. Jakob), Steinbrünning (St. Johann), Haberland (St. Nikolaus), Sillersdorf (St. Georg) und Moosen (St. Vitus) enthalten kunstgeschichtliche Besonderheiten wie z. B. Abtsdorf mit seinen gotischen Fresken und einem Gemälde von J. M. Rottmayr. Daneben geben viele Kapellen, Bildstöcke und Kreuze der beschaulichen Landschaft ein geistliches Gepräge.

Die Nähe des Abtsdorfer Sees zu Salzburg und zu den Bergen macht die Gemeinde zu einer vorzüglichen Basis für Ausflüge ins Berchtesgadener und Salzburger Land. Gerade die Radfahrer kommen hier voll auf ihre Kosten. In reizvoller Voralpenlandschaft sind viele asphaltierte Nebenstraßen abseits des Verkehrs für Radausflüge wie geschaffen. Nicht weit ist es auch zum Golfplatz in Weng, der etwas erhöht liegt und eine schöne Aussicht zu den Bergen bietet. Die Gewerbegebiete Helfau I, II und III bieten attraktive Standorte für Betriebe aller Art. Laut Statistik leben in Saaldorf-Surheim mit einem Altersdurchschnitt von unter 40 Jahren die jüngsten Landkreisbürger.

Prozession am Palmsonntag

Heilige Drei Könige in Leustetten

Saaldorf-Surheim

Surheim

Westlich der B 20 kommt man zunächst nach Surheim. Der Ort hat seinen Namen vom Surbach, der den Ort durchfließt. „Sur“ ist keltischen Ursprungs und bedeutet „langsam fließendes Gewässer“. Die Sur ist nebenbei Namensgeber für mehrere Orte am Verlauf des Flusses, wie beispielsweise Surberg, wo die Sur entspringt, oder Surtal.

Pfarrkirche St. Stephanus

Die Turmvorhalle der Pfarrkirche St. Stephanus birgt einen knapp ein Meter hohen, prächtigen Weihestein mit herausgearbeiteten figürlichen Reliefs – ein Fund, den man an der alten Römerstraße gemacht hat, die früher über Surheim und Abtsdorf führte. Ein Holztor mit schönen Beschlägen trennt die Vorhalle vom Kirchenraum ab. Das große Kreuz an der Langhauswand ist ein neueres Werk des Tiroler Künstlers G. Köstler aus dem Jahr 1938. Leider wurde das kostbarste Ausstattungsstück der Kirche, der Surheimer Altar von 1524, schon vor langer Zeit in die innere Schlosskapelle zu Burghausen verbracht.

Saaldorf

Das Pfarrdorf liegt auf einer leichten, von Süden nach Norden verlaufenden Geländeerhebung inmitten der voralpinen Moränenlandschaft, die der Saalach-Salzachgletscher vor 25 000 bis 15 000 Jahren geschaffen hat. Der Ortsname Saaldorf wird erstmals in einer Schenkung zweier adeliger Männer überliefert, die ihren Eigenbesitz in der „villa Saldorf“ an die Salzburger Kirche übergeben. Sal bedeutet

Saaldorf mit der Pfarrkirche St. Martin vor dem Högl. Im Hintergrund die Berge des südlichen Landkreises

soviel wie „Eigengut des Herrn". Das Gut gehörte zunächst zum agilolfingischen Wirtschaftshof im nahe gelegenen Salzburghofen. Nach dem Sturz Tassilos III. im Jahr 788 fiel Salzburghofen den Karolingern als Rechtsnachfolgern zu. Ludwig IV. (893-911), der im Alter von sechs Jahren zum König ernannt wurde („Ludwig das Kind"), schenkte Salzburghofen 908 dem Salzburger Erzbischof Pilgrim. Damit ging wohl auch der zugehörige Besitz zu Saaldorf an die Salzburger Kiche über, denn seit spätestens 1041 ist das Domkapitel Grundherr des gesamten Dorfes.

Pfarrkirche St. Martin

Das St.-Martins-Patrozinium weist auf eine frühe Entstehung der Kirche im 8./9. Jahrhundert hin. Über Vorgängerbauten könnten nur Grabungen Aufschluss geben.

In der zweiten Hälfte des 15. Jahrhunderts wurde ein spätgotischer Bau mit Netzrippengewölbe errichtet, von dem nur noch der westliche Turm bis zum barocken achteckigen Aufsatz erhalten geblieben ist. Da die Kirche ziemlich klein war, wurde bereits 1846 eine Erweiterung und sogar ein Neubau angestrebt, aber wegen fehlender Geldmittel nicht realisiert. 1914/15 wurde die alte Pfarrkirche St. Martin nach Plänen des

Der Schnalzerbrunnen in Saaldorf, erbaut 1988 anlässlich der 200-Jahrfeier

Die Kapelle „Ave Maria" vor der Saaldorfer Pfarrkirche

Das Surheimer Wehr, die letzte Barriere zwischen der Salzach und dem Surspeicher. Durch die „Surtreppen" können die Fische aus der Salzach in die Sur aufsteigen

Sillersdorfer Kirche St. Georg

Kapelle auf dem Weg nach Sillersdorf in grüner Voralpenlandschaft. Im Hintergrund Watzmann (links), Lattengebirge, Hochstaufen und Zwiesel (rechts)

Münchner Architekten Joseph Elsner im Stil des Neubarock umgestaltet. Einen Teil der alten Ausstattung hat man aus der Vorgängerkirche übernommen. Der Hochaltar von 1837/39 wurde in neubarockem Stil verändert und in der Größe den räumlichen Gegebenheiten angepasst. Der linke Seitenaltar trägt die Maria Immaculata, der rechte den hl. Leonhard. Das Altarbild an der südlichen Langhauswand zeigt den hl. Sebastian von Michael Greiter, 1771. Das große Deckengemälde „Hl. Martin zu Pferd" stammt von Georg Gschwendtner, Karlstein, 1947-1950.

Steinbrünning

Der kleine Ort ein paar Kilometer nördlich von Saaldorf entpuppt sich bei näherer Betrachtung als eine ländliche Idylle. Früher befand sich auf dem Hügel eine mittelalterliche Ritterburg, deren Besitzer in Diensten der Salzburger Erzbischöfe standen. Als die Burg zerfiel, wurde das Gemäuer zum Teil in den Bau der Kirche einbezogen, weshalb die Kirche St. Johannes einen etwas trutzigen Eindruck erweckt. Sie wurde 1273 eingeweiht. Vom Kirchhügel hat man einen phantas-

Kirche St. Johannes in Steinbrünning
Historisches Gemeindeschild
Froschkonzert im ehemaligen Burggraben

tischen Blick über den Fleckerlteppich des Voralpenlandes zu den Salzburger und Berchtesgadener Berggipfeln. Der einstige Burggraben ist heute ein malerischer, mit Seerosen bewachsener Dorfteich. Behäbige Bauernhäuser, freilaufende Hühner und ein Wirtshaus mit Gastgarten passen ins friedliche Bild.

Haarmoos

Das westlich vom Abtsdorfer See auf Saaldorfer Gemeindegebiet gelegene Haarmoos ist die letzte große Streuwiesenlandschaft im Berchtesgadener Land und das größte Wiesenbrütergebiet Südostbayerns. Entstanden ist das ca. 400 ha große Moos am Ende der letzten Eiszeit vor 10 000 Jahren. Nach dem Abschmelzen des Salzachgletschers bildete sich die sogenannte Abtsdorfer Seenplatte, von der der See und die umliegenden Moore und Feuchtgebiete übrig blieben. Im Jahr 1979 zum Landschaftsschutzgebiet erklärt, gehört das Haarmoos seit 2004 als „Fauna-Flora-Habitat-Gebiet" dem europäischen Schutzgebietsnetz NATURA 2000 an. Die feuchten Wiesenflächen sind ein Refugium für viele seltene Vogel- und Pflanzenarten. So brüten dort Kiebitz, Großer Brachvogel, Wiesenpieper, Braunkehlchen, Bekassine und Wachtelkönig, die allesamt auf der Roten Liste Bayerns stehen. Vielfältig ist auch die Flora mit zahlreichen seltenen und geschützten Arten, wie z. B. Knabenkraut, Trollblume, Sonnentau und Moosbeere. Zwei Infohütten und ein Aussichtsturm außerhalb der sensiblen Brutgebiete bieten dem Besucher Information und Übersicht. Zur Erhaltung der Arten und ihrer Lebensräume sind bestimmte Maßnahmen unerlässlich. Die Feuchtwiesen werden ein- bis zweimal pro Jahr von Landwirten aus der Umgebung gemäht. Auf das Ausbringen von Dünger und Pestiziden wird verzichtet. Die Wiesenbrüterflächen dürfen im Zeitraum von Mitte März bis Mitte Juni nicht betreten werden.

Frühwinter im Haarmoos, Naturschutzgebiet und größtes Wiesenbrütergebiet Südostbayerns

Linke Seite: Winterlicher Sonnenuntergang im Haarmoos

Teisendorf

Höhenlage: 500 m
Fläche: 86,8 km²
Einwohner: 9 150

Partnergemeinde:
Verwaltungsgemeinschaft La petite Creuse Frankreich

Markt Teisendorf mit Pfarrkirche St. Andreas vor dem bewaldeten Höhenrücken des Högl, dahinter der Untersberg und das Hochstaufenmassiv (rechts).
Der Einschnitt rechts der Bildmitte („Hallthurmer Berg") ermöglicht den Zugang zum südlichsten Landkreisanteil von Norden her. Hervor lugen das Hohe Brett und der Schneibstein, die zum Nationalpark Berchtesgaden gehören

Teisendorf

Teisendorf

Auf halber Strecke zwischen Salzburg und Traunstein liegt im Tal der oberen Sur Teisendorf. Der gewerbereiche Ort ist der Mittelpunkt eines nach Süden wie Norden ansteigenden Hügellandes mit vielen Dörfern, Weilern und Einödhöfen. Im Südwesten liegt der ausgedehnte Teisenberg, die nördlichste Erhebung der deutschen Alpen über eintausend Meter.

Im Zuge der Gemeindegebietsreform wurden die ehemals selbständigen Gemeinden Oberteisendorf, Neukirchen, Weildorf, Rückstetten, Holzhausen, Roßdorf und Freidling mit der Marktgemeinde Teisendorf vereint. Nachbargemeinden sind Anger, Ainring und Saaldorf-Surheim, außerhalb der Landkreisgrenzen Inzell, Siegsdorf, Surberg, Wonneberg, Waging und Petting.

Die verkehrsgünstige Lage an der Stelle, wo von der alten (Römer-)Salzstraße von Salzburg nach Traunstein eine Abzweigung nach Reichenhall führte, begünstigte die Entstehung einer größeren Siedlung. An der Straßengabelung entstanden Gasthäuser und Unterkünfte, Pferdestallungen und Schmieden – so entwickelte sich Teisendorf, das lange Jahre vorwiegend vom Fuhrwerksverkehr für das Reichenhaller Salz lebte, bis zum Bau der Eisenbahn 1860. Als „Tusindorf“ findet der Ort bereits im 8. Jahrhundert Erwähnung. 1275 befand sich dort eine Zollstation des Salzburger Erzbischofs, Marktrechte erhielt Teisendorf um die Mitte des 14. Jahrhunderts. Die Eröffnung der Bahnlinie zwischen Traunstein und Salzburg brachte enorme wirtschaftliche Einbußen, die durch den Aufschwung der bereits seit dem 16. Jahrhundert bestehenden Brauindustrie und den Aufbau von Handwerks- und kleineren Industriebetrieben wenig gemindert werden konnten. Die großen Gebäude der Brauerei Wieninger prägen heute das Ortsbild. 1678 wurde der Gerichtssitz von der Burg Raschenberg, beim heutigen Oberteisendorf gelegen, nach Teisendorf verlegt. Das Gemäuer wurde zum größten Teil zur Errichtung der Hüttengebäude im Achthal verwandt.

Teisendorf entwickelte sich mittlerweile zum gut besuchten Fremdenverkehrsort gerade für Menschen, die den Trubel der touristischen Hauptorte vermeiden wollen.

Die mächtige St. Andreaskirche und die Gebäude der Brauerei Wieninger prägen das Ortsbild

Linke Seite: Geschäftshäuser und Läden in der Marktstraße von Teisendorf

Ortsteile

Achthal, Allerberg, Eichham, Endorf, Freidling, Großrückstetten, Grubenhaus, Gschend, Gumperting, Hausmoning, Hörafing, Hofholz, Holzhausen b. Teisendorf, Kothbrünning, Lacken, Mehring, Neukirchen a. Teisenberg, Obermoos, Oberstetten, Oberteisendorf, Öd, Offenwang, Patting, Punschern, Roidham, Rossdorf, Schödling, Spöck, Stegreuth, Stötten, Teisendorf, Ufering, Rückstetten, Warisloh, Weildorf, Wimmern

Teisendorf

Pfarrkirche St. Andreas in Teisendorf

Festmesse in der barocken Pfarrkirche

Ein Wanderwegenetz von 300 Kilometern ermöglicht abwechslungsreiche Spaziergänge mit Blick auf die Alpen jenseits des lieblichen, hügeligen Wald- und Wiesenlandes um Teisendorf. Ein beliebtes Wanderziel ist die Stoißer Alm (1272 m) am Teisenberg. Vor allem Radsportler kommen hier voll auf ihre Kosten. Die enge Marktstraße im Ort ist gesäumt von Läden und Geschäftshäusern, die ohne Zwischenraum aneinander gebaut sind. Wie überall im Rupertiwinkel fällt auch hier der reiche Blumenschmuck an den Hausfronten auf. Vier große Brandkatastrophen zwischen 1682 und 1865 vernichteten einen großen Teil der alten Bausubstanz. Eine landschaftliche Attraktion findet sich in nördlicher Richtung: der Schönramer Filz, der noch zum Teil auf Berchtesgadener Landkreisgebiet liegt.

Pfarrkirche St. Andreas

Der alte Kern von Teisendorf liegt um die Pfarrkirche St. Andreas, die beim großen Brand 1815 schwer in Mitleidenschaft gezogen wurde. Den wuchtigen Bau krönt ein stattlicher Turm mit Spitzhelm. In der Vorhalle findet sich eine kunstvolle spätgotische Steinmetzarbeit – der reich mit Wappen verzierte Marmorgrabstein des 1474 verstorbenen Ritters Hans Schedlinger. Auf dem barocken Hochaltar von 1756 wird die Krönung Marias dargestellt.

Bemerkenswert sind auch die von der Tonnendecke schwebende Rosenkranzmadonna sowie eine lebensgroße Figur des gegeißelten Heilands.

Fröhliches Faschingstreiben in Teisendorf, Gaudi für Jung und Alt in der Hauptstraße beim größten Umzug Südostbayerns

Teisendorf

Großes Bild: Teisendorf am frühen Morgen mit Blick zum Staufen, Zwiesel und Teisenberg

Marienbrunnenfigur in der Hauptstraße von Teisendorf

Frühling an der Oberteisendorfer Ache

Rechte Seite: Ausleger am Apothekerhaus

Maibaumaufstellen durch den Trachtenverein am Teisendorfer Dorfplatz

Teisendorf

Neukirchen

Jedem der die Autobahn A 8 öfters befährt, ist der Name Neukirchen geläufig. Ab hier bis zum Grenzübergang Walser Berg verläuft die Autobahn auf dem Landkreisgebiet des Berchtesgadener Landes. Neukirchen liegt in 700 Meter Höhe an der Grenze zwischen den Landkreisen Berchtesgadener Land und Traunstein. Über dem Ort erhebt sich der langgestreckte Teisenberg, im Westen reicht der Blick zu den Gipfeln der Chiemgauer Alpen bis zum Hochfelln (1674 m). Der anerkannte Erholungsort ist wegen seiner Sauberkeit und schönen Lage bei der Aktion „Unser Dorf soll schöner

werden" vielfach preisgekrönt und ausgezeichnet worden. Seit über 40 Jahren ist dieser Dorfwettbewerb ein Instrument für die Verbesserung der Lebensqualität und eine optimale Einbindung der Dörfer in ihre natürliche Umgebung. Bemerkenswert ist die zentrale Lage Neukirchens zwischen attraktiven Urlaubszielen des Berchtesgadener Landes wie auch außerhalb der Landkreisgrenzen. Zu nennen sind der Chiemsee und die bekannten Orte Traunstein, Ruhpolding, Inzell oder Reit im Winkl. Außerdem bietet Neukirchen ein

beheiztes Freibad, Tennisplätze, eine Kneippanlage, schöne Wanderwege, einen Skilift am Teisenberg, Langlaufloipen, gepflegte Gastronomie sowie das Bergbaumuseum Achthal.

Bergbaumuseum Achthal

Das Museum an der Straße von Neukirchen nach Oberteisendorf informiert über die jahrhundertealte Eisengewinnung am Teisenberg. Von 1254 bis 1810 zerschnitt die Landesgrenze zwischen Bayern und Salzburg die Eisenlagerstätte. Auf der bayerischen Seite wurde das gewonnene Eisenerz im benachbarten Bergen verhüttet. Auf der Salzburger Seite gründete Erzbischof Matthäus Lang im Jahr 1537 das Hüttenwerk Achthal. Auch nach der endgültigen Angliederung des heutigen Rupertiwinkels an Bayern im Jahr 1816 verblieb die Aktienmehrheit in Salzburger Hand. Nach dem Verkauf der Anlagen an Bayern wurde der Bergbau 1925 eingestellt.

Das 1984 gegründete Bergbaumuseum vermittelt durch verschiedene Darstellungen die Arbeitsweise und Lebenswelt der damaligen Zeit mit all ihren Nöten und Gefahren. Gussexponate belegen die hohe Qualität des Achthaler Eisens, das weit über die Region bekannt und begehrt war und Absatz in ganz Bayern und Schwaben fand. Besonders gefragt war der „Achthaler Kunstguss" – Grab- und Feldkreuze, Brunnenkörper, Böller, Kanonenöfen, Balkongitter und vieles mehr. Die Mariensäule in Anger entstammt ebenso der Achthaler Kunstgusswerkstatt wie der Florianibrunnen in Bad Reichenhall und der gusseiserne Zaun um die Alte Saline. Aus der Schlacke produzierte man einen vielfach in der Gegend beim Bau der Bauernhäuser verwendeten Baustoff. Durch ein spezielles Verfahren wurden Luftblasen in der Schlacke erzeugt, die eine Wärmedämmung begünstigten.

Das Bergbaumuseum Achthal informiert über die jahrhundertealte Eisengewinnung am Teisenberg. Die Qualität des Achthaler Kunstgusses war weit bekannt

Linke Seite: „Köhlerfest" in Neukirchen am Teisenberg. Beim Verkohlen des Holzes im Innern des Meilers entsteht Holzkohle

Die Bundesautobahn A8 München – Salzburg bei Neukirchen, Verkehrsader von höchster Bedeutung

Prächtiges Bauernhaus in Oberteisendorf in typischer Nagelfluhbauweise

Rechte Seite:
Die Madonna von Weildorf in der Wallfahrtskirche Mariä Himmelfahrt von 1430

Der Ort Weildorf mit Staufen und Zwiesel

Kapelle auf dem Weg zwischen Weildorf und Patting

Totenbretter und Kreuzigungsgruppe aus Achthaler Guss an einem Waldrand bei Neulend

Fahnen anlässlich des Gründungsfestes 100 Jahre Schützengesellschaft Edelweiß Holzhausen im Jahr 2009

Der Kreuzträger beim Leonhardiritt zu Holzhausen

Der Vereins-Nachwuchs wird auf einem Truhenwagen befördert

Offenstallhaltung in einem Betrieb in Wimmern

Stolze Bauernkinder mit einem am Vortag geborenen Kalb

Die alpine Region

Bad Reichenhall
Bayerisch Gmain
Piding
Schneizlreuth

Bad Reichenhall

Höhenlage: 480 m
Fläche: 41,9 km²
Einwohner: 17 400

Hauptbrunnhaus der Alten Saline von Bad Reichenhall, der Ort, wo seit 4000 Jahren die Solequellen sprudeln

Bad Reichenhall

Zentauren-Brunnen von 1910 vor dem Bahnhof

Ortsteile

Karlstein, Kirchberg, Marzoll, Nonn, Schwarzbach, Staufenbrücke, Thumsee, Türk, Weißbach

In einem weiten, windgeschützten Tal, durchflossen von der Saalach und umgeben von Hochstaufen, Zwiesel, Müllnerhorn, Lattengebirge und Untersberg, liegt das bayerische Staatsbad Bad Reichenhall. Nach Nordosten öffnet sich das Tal zum Alpenvorland hin.

In südwestlicher Richtung durchfurcht das Saalachtal das Gebirge in Richtung Lofer und weiter in Richtung der Zentralalpen zum Ursprung der Saalach im Salzburger Pinzgau. Auch wenn die umliegenden Berge mit Höhen bis 1800 Meter beinahe tausend Meter niedriger sind als die Gebirgsmassive der Berchtesgadener Alpen ganz in der Nähe, so bestimmen die Berge auch im Reichenhaller Tal wesentlich das Landschaftsbild. Nicht schroff und gewaltig wie die Berchtesgadener Alpen, überschaubarer, freundlicher, einladender, aber doch steil und felsdurchsetzt – alpin – präsentieren sich die Berge um Bad Reichenhall. „Lieblich, voll Ruhe und Gemessenheit, mit einem harmonischen Ausklingen der Linien“ charakterisiert bereits ein alter Gebietsführer das Reichenhaller Tal. „Bayerisches Meran“ wird der Ort wegen seines milden Klimas auch genannt. Die umliegenden Berge halten die rauen Nord- und Westwinde ab.

Geografisch liegt Bad Reichenhall genau im Zentrum des Landkreises Berchtesgadener Land. Hier befindet sich seit 1980 auch das Landratsamt. Anders als der südliche Landkreisanteil, der erst 1810 endgültig zu Bayern kam, war Bad Reichenhall seit jeher bayerisches Territorium. Zu Reichenhall gehören seit ihrer Eingemeindung 1978 die Ortsteile Karlstein (mit Kirchberg, Nonn und Thumsee) und Marzoll (mit Türk, Weißbach und Schwarzbach).

In der näheren Umgebung von Bad Reichenhall sind 150 Kilometer gut markierte Wanderwege angelegt, der Thumsee bietet eine der schönsten natürlichen Bademöglichkeiten weit und breit.

Von Anfang an prägten die Salzvorkommen die Geschichte der Stadt. Jäger der Steinzeit durchstreiften bereits das Tal, das von Norden wie eine Bucht in das Gebirge hineinragt. Ob sie die Solequellen unterm Gruttenstein entdeckten, bleibt ungewiss; bekannt waren diese seit der Bronzezeit, für die eine feste Besiedlung der umliegenden Anhöhen nachgewiesen ist. Als die Römer über die Alpen vordrangen – zu der Zeit besiedelten die den Kelten zugehörigen Alauni das Tal –, fanden sie bereits Siedeanlagen vor. Sie ordneten das Gebiet der Provinz Noricum zu, bauten die Anlagen aus und errichteten Salzstraßen, über die ein reger Handel geführt wurde. Was nach der Auflösung des „Imperium Romanum“ in den Zeiten der Völkerwanderung (ca. 4. bis 6. Jahrhundert n. Chr.) geschah, liegt weitgehend im Dunkeln. Von einer Nutzung der Solequellen ist jedoch auszugehen. Die durchgängig überlieferte Geschichte Reichenhalls beginnt um 700, als der Bayernherzog Theodo dem Glaubensboten Hruodpert (Rupert), den seine Missionstätigkeit nach Salzburg geführt hatte, unter anderem den dritten Teil der Reichenhaller Saline zukommen ließ. Auf diese und weitere Schenkungen gründete die bis ins 13. Jahrhundert andauernde Vormachtstellung Salzburgs in Reichenhall.

Die große Zeit Reichenhalls kam mit dem frühen und hohen Mittelalter. Im 12. Jahrhundert erlebte die Reichenhaller Saline, damals die einzige leistungsfähige im Ostalpenraum, eine ausgesprochene Hochkonjunktur. Der steigende Salzbedarf ging zurück auf eine starke Bevölkerungszunahme und darauf, dass zeitgleich mit der Rodung der Alpentäler in großem Umfang Bauerngüter (Schwaigen) angelegt wurden, die sich vorwiegend auf die Viehwirtschaft spezialisierten. Vor allem für die Konservierung der Produkte Fleisch, Milch in Form von Käse und auch Leder war Salz unverzichtbar. Die einzigartige Monopolstellung Reichenhalls als Salzerzeugungsstätte änderte sich rasch, als gegen Ende des 12. Jahrhunderts das bereits in der Keltenzeit betriebene, in Vergessenheit geratene Salzbergwerk in Hallein/Dürrnberg wieder eröffnet wurde. Auch in Schellenberg bei Berchtesgaden entstand zu der Zeit eine Saline. Alle Bemühungen der Reichenhaller, sich der unliebsamen Konkurrenz zu entledigen, blieben letztlich erfolglos. Nach dem Einfall der Reichenhaller im Berchtesgadener Stiftsland, wo sie die gerade erst gegründeten Salzproduktionsstätten in Schellenberg zerstörten, wurde der Wehrturm am Pass Hallthurm erbaut, der heute noch steht. Der Akt der Selbstjustiz wurde gnadenlos geahndet. In einer

Strafaktion ließ der Salzburger Erzbischof 1196 Reichenhall mitsamt seinen Salinen vollständig niederbrennen. Langandauernde Querelen und Streitigkeiten – in deren Verlauf die Stadt mehrfach niedergebrannt wurde – entschieden schließlich die Wittelsbacher für sich. Zum Schutz von Saline und Stadt ließen sie eine drei Kilometer lange Stadtmauer erbauen, von der heute noch Reste erhalten sind. Am Ende des 15. Jahrhunderts kamen die wertvollen Reichenhaller Solequellen und Sudanlagen, die sich bislang eine Vielzahl adliger, geistlicher und bürgerlicher Sudherren geteilt hatten, durch Kauf an den Herzog von Niederbayern, später in den Besitz Bayerns. Nach der Verstaatlichung der Salzproduktion wurden die Solequellen in einem neuen Brunnenschacht gefasst, zum Ableiten der unbrauchbaren Süßwasser wurde ein Kanal gemauert (Grabenbach).

Als um Reichenhall das Brennholz zur Versorgung der Sudpfannen knapp wurde, erbaute man Soleleitungen nach Traunstein (31 km) und Rosenheim (81 km) – technische Meisterleistungen in der damaligen Zeit –, um dort die Wälder abzuholzen bzw. Torf als Brennmaterial zu verwenden.

Über viele Jahrhunderte erlebte die Stadt Höhen und Tiefen, insbesondere verheerende Saalachhochwasser und katastrophale Stadtbrände. Auch von Kriegshandlungen und von der Pest blieb sie nicht verschont. Den Solequellen verdankte sie jeweils die Impulse zum Neubeginn. Für den Staat bedeuteten diese einen Großteil seiner Einnahmen, für die einheimische Bevölkerung Arbeit und Brot.

Eines Tages allerdings schien das Ende gekommen: In einer Novembernacht des Jahres 1834 brannte der größte Teil der Stadt einschließlich der gesamten Salinenanlagen nieder. Doch auch hier brachte das Salz die Rettung. Die Saline wurde wieder aufgebaut, gleichzeitig aber hatten zwei Privatmänner die Idee, Sole und Salz zu Heilzwecken zu nutzen. 1846 wurde im ehemaligen Grandhotel Axelmannstein (heute „Radisson Blu Axelmannstein") die erste Sole- und Molkenkuranstalt eröffnet, in der Alpenstadt, die sich innerhalb weniger Jahrzehnte zum Weltkurort entwickeln sollte.

Heute hat die Gesundheitsregion Bad Reichenhall einen hervorragenden Ruf bei der Behandlung von Erkrankungen der Atmungsorgane (besonders Asthma und chronische Bronchitis) sowie des rheumatischen Formenkreises. Große Bedeutung nicht nur für Gesundheitsanwendungen, sondern auch für Fitness und Wohlbefinden haben heute wie damals die traditionellen regionalen Heilmittel Sole, Salz, Naturmoor, Laist sowie Öle und Extrakte der in den umliegenden Hochlagen wachsenden Latschenkiefer. Bad Reichenhall ist der erste deutsche AlpineWellness Ort. Oberstes Ziel ist die Wiedererlangung bzw. der Erhalt einer ganzheitlichen Gesundheit der Gäste, wobei Körper und Seele als gleichbedeutend erachtet werden. Hierzu stehen neben den regionalen Heilmitteln ein reichhaltiges kulturelles Angebot sowie vielseitige Möglichkeiten der Freizeitgestaltung zur Verfügung; und das in einer reizvollen Gebirgslandschaft in klimatisch begünstigter Lage. Im 1988 erbauten Kurgastzentrum befindet sich eine der neun bayerischen Spielbanken.

Saalach

Neben den umliegenden Bergen prägt in Bad Reichenhall der Gebirgsfluss Saalach wesentlich das Landschaftsbild. Die Saalach ist ein Nebenfluss der Salzach und das größte Fließgewässer des Landkreises Berchtesgadener Land.

Ihr Ursprung liegt in knapp 2000 Meter Höhe über dem Talschluss von Hinterglemm in der Nähe des bekannten salzburgischen Skiortes Saalbach. Die Länge von der Quelle bis zur Mündung in die Salzach bei Freilassing wird mit 102 km angegeben. Als munteres Gewässer durchfließt sie zunächst das Glemmtal. Eine Geländewelle bei Maishofen drängt die Saalach im rechten Winkel nach Norden ab in Richtung Lofer, von wo sie in nordöstlicher Richtung nach Bad Reichenhall und weiter zur Mündung fließt.

Jahrhundertelang wurde auf der Saalach Brennholz für die Reichenhaller Saline getriftet. Dem Fluss hat Reichenhall zweifelsohne ganz wesentlich seine Bedeutung als Salinenort zu verdanken. In Kibling bei Bad Reichenhall wurde 1913 eine Staumauer errichtet und die Saalach zum Zwecke der Stromgewinnung aufgestaut. Der Saalachsee ist ein wichtiges Naherholungsgebiet von Bad Reichenhall. Der Rundweg um den See ist bei Wanderern und Radfahrern gleichermaßen

Bad Reichenhall im Saalachtal

beliebt. Auch flussabwärts in Richtung Mündung sind in den Saalachauen viele schöne Rad- und Spazierwege angelegt. Oberhalb des Saalachstausees bis zur Landesgrenze darf die Saalach als echter Gebirgsfluss in einem natürlichen, unverbauten Bett durch eine wunderschöne alpine Landschaft fließen.

Predigtstuhl-Seilbahn mit Berghotel

Auf den im Süden über dem Reichenhaller Tal sich schroff aufbauenden Predigtstuhl (1614 m) führt mit der 1925 bis 1928 erbauten Predigtstuhlbahn die älteste noch im Originalzustand fahrende Seilbahn der Welt. In achteinhalb Minuten schweben die Fahrgäste über drei Stützen und einen Höhenunterschied von 1150 Metern zur Bergstation mit angeschlossenem Berghotel (1583 m) nahe des Gipfels. Die Sicht von dort oben ist wahrhaft atemberaubend. Man überblickt den gesamten Reichenhaller Talkessel, scheinbar zum Greifen nah ragen Hochstaufen und Zwiesel direkt gegenüber auf, im Nordosten liegt Salzburg. Weit reicht der Blick nach Norden ins Alpenvorland hinaus bis zum Bayerischen Wald, nach Süden über die Berchtesgadener Gebirgsmassive bis in die Zentralalpen, im Westen zu den Bergen um Kitzbühel, zum Wilden Kaiser und vielen anderen Bergen mehr. Etwa zehn Gehminuten vom Hotel entfernt befindet sich die Almhütte Schlegelmulde (Bayerische Brotzeit, Liegestühle). Der bequeme Weg ist im Winter geräumt.

Eine Kabine der Bahn im Originalzustand von 1928

Das Predigtstuhl Berghotel und die Bergstation der Predigtstuhl Seilbahn auf 1583 m Höhe

Der bekannte Salinen- und Kurort vor dem Hochstaufenmassiv

Rechte Seite: Bad Reichenhaller Philharmoniker

Konzertrotunde im Kurgarten des bayerischen Staatsbades

Der beleuchtete Solebrunnen vor dem Gradierhaus

Kurgarten

Ein Ort der Ruhe und Erholung ist der von historischen Gebäuden wie der Konzertrotunde oder dem Alten Königlichen Kurhaus umrahmte Kurgarten. Der Besucher wandelt wie durch einen botanischen Garten, vorbei an altem Baumbestand, an Blumenbeeten und seltenen Pflanzen, ja sogar Palmen. Mittelpunkt ist der Solebrunnen des Bildhauers Josef Wackerle mit seinen glitzernden Fontänen. Original AlpenSole plätschert aus dem vom Titanen Atlas getragenen obersten Becken in die darunter liegenden. Ganz in der Nähe steht das Gradierhaus, das größte Freiluftinhalatorium Europas. Ab der Mitte des 18. Jahrhunderts hatten Gradierhäuser die Funktion, durch Wasserverdunstung die Sole „hochgrädiger" zu machen, um bei der Salzproduktion durch Versieden Brennholz zu sparen. Das heutige Gradierhaus von 1910 dient ausschließlich gesundheitlichen Zwecken. Das Zerstäuben der AlpenSole an den Dornenzweigen führt zu einem hohen Feuchtigkeitsgehalt der Luft, die außerdem mit Salzteilchen angereichert ist. Das Einatmen dieses „Aerosols" entfaltet heilsame Wirkungen in den Atemwegen ohne jegliche Nebenwirkungen. Eine Überdachung verbindet das Gradierhaus mit der Wandelhalle mit AlpenSolebrunnen und Konzertrotunde. Diese ist der bevorzugte Spielort der Bad Reichenhaller Philharmonie, die mit 40 Musikern das Bad Reichenhaller AlpineWellness-Angebot um eine wesentliche Dimension bereichert. Die Bad Reichenhaller Philharmonie kann auf eine über 130-jährige Tradition zurückblicken. 1868 wurde das Orchester gegründet. Unvergessene Namen wie Gustav Paepke und Dr. Wilhelm Barth leiteten die Philharmonie in guten und schlechten Zeiten. Seit 2003 ist Thomas Mandl Chefdirigent. In verschiedenen Konzertzyklen wird Musik von der Renaissance bis zur klassischen Moderne mit Schwerpunkt Klassik und Romantik dargeboten. „Klassik in den Alpen" lautet die Devise für anspruchsvollen Musikgenuss im Rahmen der Mozartwochen, beim Sommerfestival AlpenKlassik, dem Barocken Herbst und vielen anderen. Bereits Legende ist das alljährlich im Sommer bei geeigneter Wetterlage stattfindende Thumsee-Openair mit einem großen Feuerwerk als Höhepunkt.

Fußgängerzone

Wer heute durch die gepflegte Kurstadt bummelt, ahnt noch den Wohlstand, den die Stadt dank ihrer Salzvorkommen erlangte.

Besonders in der Nähe des Kurgartens bestimmen vornehme, zum Teil noch aus der Gründerzeit stammende Villen das Stadtbild. Weite Bereiche der Innenstadt wurden in zwei Bauabschnitten (1975 /1992) zu verkehrsfreien Zonen umgewandelt. In einem ersten Schritt wurde die Hauptachse der Stadt, die Ludwigstraße (im unteren Teil Salzburger Straße) zur Fußgängerzone. Knapp drei Kilometer lang, beginnt sie am Rathausplatz und endet nach geradem Verlauf durch die ganze Stadt erst in Höhe des Gradierwerks noch hinter dem Grandhotel Radisson Blu Axelmannstein. Hier finden sich die meisten Geschäfte und Läden, die das Staatsbad zu einer attraktiven Einkaufsstadt machen. Die breite, von Bäumen, Pflanzschalen und Ruhebänken aufgelockerte Promenade lockt mit Dutzenden von Geschäften, vom großen Kaufhaus über Passagen, Galerien, Fachgeschäfte und Boutiquen bis zum luxuriösen Juwelier. Zahlreiche Cafés und Restaurants laden zum Sitzen, Schauen und Verweilen ein. Die parallel liegende Poststraße bis zum Kaiserplatz ist seit 1992 Bad Reichenhalls zweite Fußgängerzone. Im Rahmen der Sanierungsmaßnahmen wurde hier, teilweise dem Verlauf eines historischen Vorgängers folgend, der neue Stadtbach angelegt. Schon im Mittelalter nahm ein Wasserlauf seinen Weg durch das von einer Wehrmauer umschlossene Reichenhall. Zahlreiche Brunnen – insgesamt sind es 52 – und Denkmäler beleben das Stadtbild auch außerhalb der Fußgängerzonen.

Historische Altstadt

Einen Kontrast zur belebten Fußgängerzone findet man in der Oberen Stadt. Die Zeit scheint stillgestanden zu sein bei den Häusern um den Florianiplatz, die als einzige vom großen Stadtbrand 1834 verschont blieben. Der Florianiplatz bietet den Anblick eines charakteristischen alpenländischen Dorfplatzes mit hell geputzten, meist giebelständigen Häusern und weit vorspringenden Satteldächern. Ein Anblick, der durch den Florianibrunnen in der Platzmitte, durch bemalte Häuserfronten und nicht zuletzt durch das sich mächtig im Hintergrund auftürmende Felsenmassiv des Lattengebirges eindrucksvoll gesteigert wird. Die Gässchen und Durchgänge in Altreichenhaller Bauweise vertiefen den beschaulichen Eindruck des Florianiviertels.

Alte Saline mit Salzmuseum

In der Nähe des Rathausplatzes steht die Alte Saline. Das ab 1840 erbaute Gebäude ist völlig intakt erhalten geblieben und stellt ein einzigartiges technisches Denkmal dar. Mittelpunkt der großflächigen Anlage ist das Hauptbrunnhaus, der Ort, wo aus den Klüften des Lattengebirges die seit der Bronzezeit bekannten Solequellen fließen. Die Anlagen können in einer etwa 45 Minuten dauernden Führung („Salzmuseum – die Faszination des Weißen Goldes") besichtigt werden. Gleich zu Beginn hat der Besucher in der Maschinenhalle Gelegenheit, die beiden riesigen Wasserräder von je 13 Metern Durchmesser und 15 Tonnen Gewicht zu bestaunen, die seit ihrer Erbauung vor über 150 Jahren Tag und Nacht ohne Unterbrechung die Sole aus dem Quellenbau schöpfen. Schon von der Straße aus ist der Klang der Messingglocke zu hören, die den regelmäßigen Gang der Anlage anzeigt. Über Marmortreppen gelangt man in den 14 Meter unter dem Brunnhaus gelegenen Quellenbau, wo ein weit verzweigtes Netz in Marmor gefasster Stollen die verschiedenen Solequellen mit bis zu 24 % Salzgehalt erschließt. Recht feucht geht es da unten zu, die Temperatur übersteigt auch im Sommer nicht 12 °C.

Allgegenwärtig beim Gang durch die zumeist in Untersberger Marmor ausgekleideten Stollen und Schächte sind ausgeklügelte Pump- und Hebevorrichtungen sowie Gestänge, mit deren Hilfe die Sole gefördert wird. Der unter den großen Rädern senkrecht in die Tiefe führende Hauptbrunnschacht wurde 1507 von Erasmus Grasser ausgebaut. Er plante auch die Arbeiten am gemauerten Grabenbachstollen, durch den die unerwünschten Süßwasserquellen aus dem Quellenbau zwei Kilometer weit unter der Stadt, dann offen in die Saal-

Florianiplatz mit Osterbrunnen in der historischen Altstadt

Linke Seite: Christkindlmarkt am Bad Reichenhaller Rathausplatz

Kurmittelhaus der Moderne in der Fußgängerzone

Mosaik mit dem apokalyptischen Lamm über dem Hauptportal der Pfarrkirche

Um 1181 errichtete Pfarrkirche St. Nikolaus in Bad Reichenhall.

ach abgeleitet werden. Heute wird die hochprozentige Sole über eigene Leitungen direkt den Kuranstalten, die weniger ergiebige mit 5-6% Salzgehalt vor allem dem Gradierwerk zugeführt. Die Führung durch den Quellenbau informiert umfassend über die Solevorkommen, die Quellfassungen sowie die Ursprünge und Verarbeitung des „Weißen Goldes" bis in die heutige Zeit. Erhältlich sind Kombi-Tickets Salzbergwerk Berchtesgaden und Alte Saline Bad Reichenhall.

Neue Saline

Mit der 1925/26 erbauten, etwas nördlicher gelegenen Neuen Saline, begann ein neuer Abschnitt in der Salzgewinnung. Die Produktion basiert heute zu 2/3 auf Sole aus dem Berchtesgadener Salzbergwerk (ca. 850 000 m³), die seit 1960 über eine doppelsträngige Rohrleitung über den Pass Hallthurm gepumpt wird. Modernste Technologien ermöglichen derzeit eine Jahresproduktion von 300 000 Tonnen Salz. Das bedeutet, dass in der Reichenhaller Saline jeden Tag 820 Tonnen Salz erzeugt werden! Die Sole aus dem Quellenbau wird zur Herstellung von Salz heute nicht mehr genutzt. Sie dient im Gradierhaus, in Kuranstalten und in der RupertusTherme ausschließlich gesundheitlichen Zwecken. Etwa 250 000 m³ Sole stammen aus Tiefbohrungen im Reichenhaller Tal. Die Sole ist so ursprünglich wie die aus dem Quellenbau. Nur original AlpenSole dieser Herkunft wird zu den bekannten Bad Reichenhaller Markensalz-Produkten verarbeitet. Basis der umfangreichen Produktpalette darüber hinaus (Gewerbesalze, Auftausalz u. a.) ist die Sole aus dem Berchtesgadener Salzbergwerk.

Pfarrkirche St. Nikolaus

In der Oberstadt, nahe der Alten Saline, steht die Pfarrkirche St. Nikolaus. Um 1181 vollendet, nahm die Kirche bereits 1196 schweren Schaden, als der Salzburger Erzbischof Adalbert II. Reichenhall niederbrennen ließ.

Aus der Erbauungszeit stammt der Bogenfries an der Außenmauer der südlichen Apsis mit Tieren und menschlichen Halbfiguren. Im Kircheninneren bringen Säulen, Pfeiler, Bögen, Naturstein und hellgetünchte Flächen eine klare romanische Architektur zum Ausdruck. Sehenswert ist der Altarraum. Moritz von Schwind schuf sowohl das große Dreifaltigkeitsbild an der Apsiswand mit den vier Schutzpatronen St. Georg, St. Nikolaus, St. Korbinian und St. Pankraz als auch die vier Kreuzwegstationen auf den Emporen. Sie sind die einzigen noch erhaltenen sakralen Werke dieses bedeutenden Künstlers der deutschen Spätromantik. Die Marienglocke im 40 Meter hohen Turm wiegt vier Tonnen und ist die größte im Berchtesgadener Land. Seit 2006 ist die Kirche durch einen Lift auch für Rollstuhlfahrer problemlos zugänglich.

Karmelitenkirche St. Ägidi

In der Poststraße, unweit vom Rathausplatz, kommt man an der Ägidikirche vorbei. Die 1159 erbaute Kirche brannte beim großen Stadtbrand 1834 im Inneren völlig aus – der Türmer hatte von ihrem Turm aus die Bürger noch gewarnt. 1847 wurde die restaurierte Kirche einschließlich ihrer komplett erneuerten Inneneinrichtung eingeweiht. Was niemand wusste: Infolge der Brandhitze waren die Mauersteine am Fuß des Turmes mürbe und brüchig geworden und der Kirchturm die ganze Zeit einsturzgefährdet. Als 1978 ein benachbartes Gebäude, das den Turm stützte, abgerissen wurde, kam dieser in Schieflage. Der Turm musste komplett abgerissen werden und wurde, mit den alten Steinen verkleidet, wieder aufgebaut. An der Außenwand des Chores erinnert ein Gemälde des Reichenhaller Kunstmalers Georg Gschwendtner – „Die apokalyptischen Reiter" – an die Schrecken des Krieges und an den Bombenangriff auf Bad Reichenhall am 25. April 1945.

Der Ägidiplatz vor der Kirche hat seinen aus dem Mittelalter stammenden Zuschnitt bewahrt. An diesem Platz steht das Alte Feuerhaus, in dem heute die Volkshochschule untergebracht ist.

Münster und Kloster St. Zeno

Das Münster St. Zeno an der Salzburger Straße im Nordosten Bad Reichenhalls ist die bedeutendste kunsthistorische Sehenswürdigkeit der Stadt. Die dreischiffige Basilika entstand in den Jahren 1136 bis 1228, nachdem der Salzburger Erzbischof Konrad I. im Jahr 1136 das Augustiner-Chorherrenstift St. Zeno gegründet hatte. Der Kirchenbau mit 90 Metern Länge, 30 Metern Breite, 19 Metern Höhe und einer Turmhöhe von 48 Metern ist die größte im romanischen Stil erbaute Basilika Südbayerns.

Sehenswert sind das romanische Portal mit altdeutschem Vaterunser-Text in der Vorhalle, die spätgotische Innenausstattung, das Chorgestühl, die Schnitzgruppe mit der Marienkrönung im Hochaltar, der Marmortaufstein und die Marmorkanzel.

Nach beinahe 700-jährigem Bestand wurde das Kloster 1803 im Rahmen der Säkularisation aufgelöst. 1852 übernahm der Orden der Englischen Fräulein die Gebäude und gründete eine Mädchenrealschule mit Internat. Träger der Einrichtung heute ist die Erzdiözese München-Freising. Von höchstem kunsthistorischem Interesse ist der Kreuzgang im Inneren des Klosters mit seinen romanischen Arkaden und dem Rippengewölbe aus dem 14. Jahrhundert einschließlich des Barbarossa-Reliefs.

St. Johannesspitalkirche

Die St. Johannesspitalkirche zwischen Poststraße und Spitalgasse ist die älteste Kirche Bad Reichenhalls. Gleich nebenan befand sich früher das Salzburger Tor als eines von neun Toren im Ring der mittelalterlichen Stadtmauer. Urkundlich erwähnt wurde sie bereits 1144 als St. Johannes-Baptistkirche, sie dürfte aber viel älter sein. Ihre Ursprünge sind im frühen Mittelalter anzunehmen. Jedenfalls stand sie schon, als zur Zeit Ludwig des Kehlheimers die Stadtmauer gebaut wurde. Der einfache romanische Bau wurde im Lauf der Jahrhunderte mehrfach verändert und restauriert. Erhalten haben sich das romanische Gewölbe und die gotische Orgelempore. Das Kircheninnere wurde im zweiten Viertel des 18. Jahrhunderts barockisiert.

Weitere bemerkenswerte Kirchenbauten in Bad Reichenhall sind die Brunnhauskapelle St. Rupert im Hauptbrunnhaus der Alten Saline und die St. Georgskirche in Nonn.

Pfarrkirche St. Zeno, größte romanische Basilika Oberbayerns

Nonner Kircherl St. Georg

Karlstein

Westlich von Bad Reichenhall, jenseits der Weitwiese, liegt der Ortsteil Karlstein, auf den von weitem sichtbar das Pankrazkirchlein von einem Felsensporn herabschaut. Im Kurmittelhaus finden die traditionellen Bad Reichenhaller Kurmittel Anwendung. Außerdem bietet das hügelige Umland Gelegenheit für schöne Wanderungen in den Tal- und mittleren Höhenlagen, z. B. zum urigen Almgasthof Kugelbachbauer, zum Listsee oder über den Soleleitungsweg zum Thumsee. Hinter dem Pankraz-Kirchlein, von Karlstein aus nicht sichtbar, liegen auf einem unzugänglichen Felsen die Mauerreste einer im 12. Jahrhundert erbauten Burganlage (Ruine Karlstein). Die Burg diente der Überwachung der darunter vorbeiführenden mautpflichtigen Salzstraße in Richtung Thumsee und verfiel im 18. Jahrhundert, als sie nicht mehr bewohnt wurde. Nördlich von Kirchlein und Burg, dort wo der Aufstieg beginnt, liegt ein Ort, der den geschichtlich Interessierten faszinieren muss. Von der frühen Bronzezeit (ca. 1800 v. Chr.) bis zum Beginn unserer Zeitrechnung lebte hier eine Gemeinde im Schutz des Felsens.

Thumsee

Westlich zu Füßen des Burgfelsens mit der Ruine Karlstein liegt der idyllische Thumsee (525 m). Ein Spazierweg führt um den tausend Meter langen und vierhundert Meter breiten See, der als Badesee höchst beliebt ist. An der Nordwestseite befinden sich ein Freibad, eine große Liegewiese und Restaurants. Der Abfluss des Thumsees bildet einen Moorweiher, Seemösl genannt, der unter Naturschutz steht. Eine Attraktion ist die 1936 angelegte Seerosenzucht mit Hunderten von Blüten in verschiedenen Farben (Blütezeit ab Mitte Juli).

Marzoll

Nordöstlich von Bad Reichenhall, direkt an der Grenze zum Land Salzburg, liegt abseits des Durchgangsverkehrs Marzoll, das schon zur Römerzeit besiedelt war. Ein zinnengekröntes Schloss mit altem Baumbestand und Schlossteich und die freundliche Kirche St. Valentin mit Friedhof bilden in parkähnlicher Landschaft eine ruhige Idylle, in die sich das vornehme Privatsanatorium Schlossberghof mit Restaurantbetrieb harmonisch einfügt.

Kirche St. Valentin mit dem Schloss Marzoll

Schloss Marzoll der Reichenhaller Patrizierfamilie Fröschl von 1536

Linke Seite: Wallfahrtskirche St. Pankraz auf einem Felsensporn über Karlstein

Seewirt am idyllischen Thumsee

Großes Feuerwerk als Höhepunkt des alljährlich stattfindenden „Thumsee-Openair“ der Bad Reichenhaller Philharmonie

Kurgastzentrum mit Spielcasino

Rupertus Therme

Rechte Seite: Tiefblick vom Predigtstuhl bei Nacht

Bayerisch Gmain

Höhenlage: 560 m
Fläche: 12,3 km^2
Einwohner: 3 000

Wiesenreiches Gemeindegebiet von Bayerisch Gmain vor dem Lattengebirge mit der Bayerisch Gmainer Pfarrkirche St. Nikolaus von der Flüe. Der Hauptkamm des nördlichsten Gebirgsstocks der Berchtesgadener Alpen zieht von der Montgelasnase (links) über den Dreisesselberg (Bildmitte) zum Predigtstuhl

Bayerisch Gmain

Südöstlich von Bad Reichenhall liegt nur wenige Gehminuten entfernt auf einem Höhenrücken in sonniger Lage Bayerisch Gmain. „Sonnenterrasse des Staatsbads“ wird die von den Einheimischen „Boarisch Gmoa“ gesprochene Gemeinde auch genannt. Bayerisch Gmain liegt eingebettet zwischen den Bergmassiven Untersberg und Lattengebirge. Im Norden begrenzt das Kirchholz das hügelige, wiesenreiche Gemeindegebiet. Der kleine Weißbach trennt Bayerisch Gmain vom österreichischen Großgmain. Im Süden steigt das bewaldete Gelände an in Richtung des Hallthurmer Berges, der den Zugang von Norden her zum inneren Landkreis des Berchtesgadener Landes eröffnet.

Noch zur Zeit der Römer durchfloss die Saalach das heutige Stadtgebiet von Bad Reichenhall in mehreren Armen. Die Gegend war sumpfig und ständig von Hochwasser bedroht. Feste Ansiedlungen konnten somit nur auf den umliegenden, höher gelegenen Ebenen errichtet werden. Dementsprechend finden sich die ältesten Zeugnisse menschlicher Kultur (ca. 1800 v. Chr.) um den heutigen Pankrazfelsen in Karlstein, aber auch auf den Höhen von Nonn und der Gmain. Ein 1886 entdeckter Friedhof aus der Urnenfelderzeit mit 18 Gräbern, der auf eine nahe Siedlung schließen lässt, wurde dem 9. Jahrhundert v. Chr. zugeordnet. Weitere Funde weisen auf eine Besiedlung der Gmain in der Spätbronzezeit hin. In der mittleren La-Tène-Zeit (ca. 400 v. Chr.) scheint das Kirchholz militärisch bedeutsam gewesen zu sein. Man fand eine über 2 km lange Befestigungsanlage, die zum Schutz der Salzquellen und in Notzeiten als Fliehburg gedient haben mag. Die später als „Hallburg“ bezeichnete Anlage wurde leider bei der Errichtung des Truppenübungsplatzes 1938 stark in Mitleidenschaft gezogen.

Zum Dötzenhof gehörende Kapelle von 1619

Ab 15 v. Chr. beherrschten die Römer das bisher keltische Alpenvorland. Das Reichenhaller Becken wurde unter Kaiser Claudius der Provinz Noricum zugeordnet und dem Municipial Juvavum (Verwaltungsbezirk Salzburg) unterstellt. In der Folgezeit wurden die meisten keltischen Höhensiedlungen zu Gunsten bequemerer Talsiedlungen aufgegeben. Zu der Zeit wurden auch die Behausungen rund um den Karlsteinfelsen verlassen. Nach weitgehender Aufgabe der Gmain als Siedlungsraum dürfte die Hochebene zur Versorgung des Reichenhaller Salinenbetriebes gedient haben. Die dort Beschäftigten brauchten Nahrungsmittel und vielerlei Bedarfsgüter. Zur Versorgung der Salz-Siedeanlagen wurden zunächst die Wälder in der näheren Umgebung abgeholzt, natürlich auch im Gebiet der Gmain, wodurch landwirtschaftliche Nutzflächen gewonnen wurden.

Schon zur Zeit der Römer wurde im mittlerweile stillgelegten Veitlbruch Untersberger Marmor abgebaut. Schon 1855 wurden hier 83 römische Kupfermünzen aus der Zeit zwischen 81 und 337 n. Chr. gefunden, womit auch die Dauer des Steinbruch-Betriebes umrissen ist.

Als der Untergang des Römischen Weltreichs nicht mehr aufzuhalten war, zog sich die römische Bevölkerung ab der Mitte des 5. Jahrhunderts aus dem Voralpenland zurück. Das Machtvakuum nach einer langen, unsicheren Zeit der Völkerwanderung nutzten im 6. Jahrhundert schließlich die Bajuwaren zur Landnahme. Ein Beleg dafür ist der Reihengräberfriedhof von Kirchberg in der Nähe der Predigtstuhlbahn. Etwa 1000 Gräber sind dem 7. bis 9. Jahrhundert zuzuordnen. Nach Lang (1995) ist eine Wiederaufnahme der Besiedelungsaktivität auch auf dem Gebiet von „Mona" – so der vermutlich von den Kelten übernommene Name für die Gmain – anzunehmen, wobei die Landwirtschaft forciert wurde.

Mit zunehmender Christianisierung des Gebietes kam es am Ende des 8. Jahrhunderts schließlich zur ersten urkundlichen Erwähnung von „Monas". Später, am Anfang des 12. Jahrhunderts, errichteten die Grafen von Plain die gleichnamige Burg und machten damit die Gegend zum Mittelpunkt ihrer Grafschaft. Im Auftrag Barbarossas zogen die Plainer 1167 sogar gegen Salzburg und verwüsteten Stadt und Festung, um die Reichsacht zu vollziehen. In der Folgezeit vergrößerte sich ihr Einfluss und der Plainer Graf Liupolt wurde sogar Vogt von Berchtesgaden. Die Teilung des früheren „Gmain" erfolgte 1811. So gehört Bayerisch Gmain mit seinen 3000 Einwohnern heute zum Kurbezirk des Bayerischen Staatsbades Bad Reichenhall, während Großgmain durchaus als

Motive am Maibaum im Kurgarten von Bayerisch Gmain

Flurkreuz vor der Kirche von Großgmain

Bayerisch Gmain

Uralte Siedlungsfläche der „Gmain" südöstlich und hoch über Bad Reichenhall, seit 1811 geteilt in Bayerisch Gmain und Großgmain

Im Bild links Bad Reichenhall am Fuße des Hochstaufen. Rechts Bayerisch Gmain mit der Pfarrkirche St. Nikolaus von der Flüe

Brunnen im Bayerisch Gmainer Kurgarten

vornehmer Vorort Salzburgs bezeichnet werden kann. Ein Ausflug über die Grenze ist schon wegen der Marienwallfahrtskirche empfehlenswert. Die Wallfahrt zur Kirche am Fuße des sagenumwobenen Untersbergs ist die älteste Marienwallfahrt des Salzburger Landes. Das Gnadenbild ist eine „Schöne Madonna" aus dem Jahre 1400.

Als Reichenhall 1846 Kurbad wurde, hatte das auch auf das benachbarte Bayerisch Gmain Auswirkungen. Gern wanderten die Gäste zu den sonnigen Wiesen über Reichenhall. 1865 wurde eine erste „Conzession für eine Caffe- und Traitenwirtschaft" erteilt, wobei der zweite Begriff für die Verköstigung auf einer grünen Wiese (Tratte) steht. Als der Fremdenverkehr immer mehr zunahm, befleißigte sich der Gemeindeausschuss 1889 der Bekanntgabe einer neuen ortspolizeilichen Vorschrift, worin erstmals die Zusammenarbeit mit dem Badkommissariat Reichenhall erwähnt wird. Die Entwicklung lässt sich auch an den Gästezahlen ablesen: 1890 betrug die Zahl der gemeldeten Kurgäste in Reichenhall 6 891, in Bayerisch Gmain 102, das sind 1,5 %. Zwanzig Jahre später, 1910, kamen 15 319 Gäste nach Reichenhall, 1 514 nach Bayerisch Gmain. Somit kommt man auf 10 % der Reichenhaller Zahlen bzw. eine Steigerung um das 15-fache nach zwanzig Jahren.

Am 25. Oktober 1888 wurde die Bahnlinie nach Berchtesgaden eröffnet. Zur Jahrhundertwende bekam Bayerisch Gmain mit dem „Hotel am Forst" eine erste noble Unterkunft. Allgemein war zu der Zeit eine rege Bautätigkeit zu verzeichnen. Viele Villen und auch Wohnhäuser wurden so umgebaut, dass sie, zumindest teilweise, in der sommerlichen Kursaison vermietet werden konnten. Ab der Jahrhundertwende ging es steil bergauf mit den Einwohnerzahlen von Bayerisch Gmain wie auch von Großgmain. Zuvor hatten jahrhundertelang nur um die 300 Menschen in Bayerisch Gmain und 500 in Großgmain gelebt.

Zur Jahrhundertwende wurde den Hotel- und Pensionsbesitzern auch bewusst, dass zur Förderung des Fremdenverkehrs gezielte Maßnahmen nötig waren. 1904 entstand zu dem Zweck ein „Verschönerungsverein", der sich um eine Verbesserung des Wegenetzes, eine Verbesserung des Ortsbildes, Werbung etc. kümmerte. Die Idee, im Bayerisch Gmainer Alpgartental ein „Bergwaldtheater" zu errichten, kam von der Bad Reichenhaller Kurdirektion. Die Kunst sollte hochleben durch Aufführungen klassischer Dramen, aber auch von Volksstücken einschließlich der Einlagen von Schuhplattlern und Jodlern. 1913 fand die Eröffnungsvorstellung statt; auf dem Programm stand Gerhard Hauptmanns „Versunkene Glocke". Die Premiere, bei der beim „Elfenreigen" die Mitwirkung von „Damen aus dem Kurpublikum" gefragt war, war offensichtlich ein großer Erfolg. Theaterzüge aus Berchtesgaden und Reichenhall brachten in der Folgezeit das Publikum in Bühnennähe. Theateraufführungen machen durstig. Auch die Wirte hatten eine Freude an dem neuen Naturtheater. Leider regnete es im zweiten Jahr des Bestehens derart ergiebig, dass die meisten Vorstellungen abgesagt werden mussten. Noch im Ersten Weltkrieg wurden Goethes „Iphigenie" und Grillparzers „Weh dem, der lügt" aufgeführt, nach dem Krieg wurde das Unternehmen jedoch so unrentabel, dass mit dem Abriss der Bühne 1922 der Bund von Natur und Kunst in Bayerisch Gmain leider zu Ende ging.

Wie in Reichenhall brachen auch in Bayerisch Gmain die Gästezahlen in den Kriegszeiten dramatisch ein, um sich aber jeweils bald wieder zu erholen. Bereits nach dem Ersten Weltkrieg zeichnete sich eine Tendenz wohlhabender Menschen aus nördlicheren Gefilden ab, eine Zweitwohnung in Kurortnähe besitzen zu wollen. Nach dem Zweiten Weltkrieg wurde das noble Hotel am Forst als Lazarett und später als Massenquartier zweckentfremdet. Danach befand sich das Gebäude in einem so schlechten Zustand, dass ein Abriss ratsamer schien als eine kostenintensive Renovierung. So wurde der Gebäudekomplex 1961 an die Bundesversicherung für Angestellte verkauft, die schließlich zwischen 1969 und 1973 eine moderne Kurklinik (heute Rehabilitationsklinik Hochstaufen der Deutschen Rentenversicherung) erbaute.

Nach dem Ersten Weltkrieg wurde der Name des Verschönerungsvereins in „Fremdenverkehrsverein Bayerisch Gmain" geändert. 1969 wurde das „Haus des Gastes" eingeweiht, ein wichtiges Ereignis in der Entwicklung zum modernen Tourismusort. 1991 schloss sich der Verein mit dem der Stadt zum „Kur- und Verkehrsverein Bad Reichenhall/Bayerisch Gmain" zusammen.

Wie in vielen anderen Gemeinden des Berchtesgadener Landes ist auch in Bayerisch Gmain der Tourismus der Haupterwerbszweig. Größter Arbeitgeber ist die traditionsreiche Baufirma Schmölzl (seit 1898), die mit derzeit 200 Mitarbeitern eine Vielzahl großer Bauprojekte im südostbayerischen Raum, im Salzburger Land und Tirol zur Vollendung brachte.

Bayerisch Gmain vor dem Hochstaufenmassiv

Das Leistungsspektrum umfasst alle denkbaren Bereiche des Hoch- und Tiefbaus, vom Brücken- über den Straßenbau bis zur Errichtung schlüsselfertiger Wohnanlagen. Die Geschäftsführung liegt seit vier Generationen in den Händen der Familie Schmölzl.

Pfarrkirche St. Nikolaus von der Flüe

Die katholische Pfarrkirche auf der bayerischen Seite ist dem heiligen Nikolaus von der Flüe geweiht. Schon länger hatten die Bayerisch Gmainer den Wunsch nach einer eigenen Pfarrei. Zuerst musste jedoch ein geeigneter Baugrund gefunden werden. Als sich schließlich die Dötzenbäuerin Maria Vötterl bereit erklärte, den Platz für die Kirche einschließlich Pfarrgebäude und Kindergarten zur Verfügung zu stellen, konnte man ans Werk gehen. Zur Grundsteinlegung unter Anwesenheit von Weihbischof Dr. Johannes Neuhäusler am 4. 11. 1956 lud der bisher für die Gmainer zuständige Stadtpfarrer von St. Zeno, Eduard Zeller, die ganze Bevölkerung

ein. Die Bauarbeiten schritten zügig voran. Im Innenraum schuf Karl Manninger das große Altarfresko mit den vierzehn heiligen Nothelfern. Bereits am 27. 10. 1957 konnte die neue Pfarrkirche von Bayerisch Gmain geweiht werden. Zum ersten Seelsorger wurde Kurat Max Preisinger berufen. Noch schallten auf der Gmain allein die Glocken der nunmehrigen Schwesterkirche zu „Unserer Lieben Frau" in Großgmain. Doch schon ein Jahr später fand die glanzvolle Glockenweihe statt. Die große, zwölf Zentner schwere Glocke wurde dem Andenken der Gefallenen gewidmet, eine zweite mit sechs Zentnern der Muttergottes, eine kleine mit vier Zentnern sollte die Wetter- und Sterbeglocke sein. 1959 wurde aus der Pfarrkuratie eine selbstständige Pfarrei und Kurat Preisinger wurde Pfarrer.

Freizeit und Sport

Ein Wahrzeichen über Bayerisch Gmain ist die „Schlafende Hexe", ein eigenwillig geformtes Felsmassiv, um das sich viele Sagen und Legenden ranken. Ins Lattengebirge führen mehrere lohnende Wege zu den Gipfeln (Dreisesselberg, Hochschlegel) und Rundwege (z. B. Alpgartenrundweg, Hochplatte-Rundweg). Die Steige sind ideal für Menschen, die am liebsten abseits vom Trubel wandern und die Natur genießen. Ein besonders schöner Aussichtspunkt mit Blick über das Reichenhaller Tal und in die Schluchten des Lattengebirges ist der vorgelagerte Dötzenkopf (1001 m), der in einer Stunde vom Bergkurgarten aus bestiegen werden kann.

Auch im Ortsbereich mit weiten sonnigen Wiesenflächen gibt es viele Möglichkeiten für Spaziergänge. Im Winter sind Loipen gespurt. Beliebt ist auch die Rodelbahn beim Bergkurgarten. Für Nordic Walker sind drei ausgeschilderte Strecken unterschiedlicher Länge vom Ausgangspunkt an der neuen Sport- und Freizeitanlage geboten („Gmoa-Arena").

Böllerschützen wahren die bayerische Tradition

Linke Seite: Burg Gruttenstein, erbaut im 12. Jahrhundert zum Schutz der Reichenhaller Solequellen

Piding

Höhenlage: 450 m
Fläche: 17,7 km²
Einwohner: 5 250

Blick vom Gastgarten der Stroblalm über den Kleinhögl auf Piding, den Untersberg (links), das Lattengebirge sowie den bewaldeten Fuderheuberg. Jenseits der Passhöhe von Hallthurm sieht man ins menschenferne Hagengebirge, in Bildmitte überragt der Gipfel des Watzmann den Hauptkamm des Lattengebirges

Piding

Ortsteile

Bichlbruck, Kleinhögl, Mauthausen, Piding, Pidingerau, Staufenbrücke, Urwies

Sechs Kilometer nördlich von Bad Reichenhall liegt Piding, die südlichste Gemeinde des Rupertiwinkels. Im Süden wird das Gemeindegebiet vom Hochstaufen (1771 m) und Fuderheuberg begrenzt, im Osten von der Saalach und im Nordwesten vom Högl (827 m). Im Nordosten bildet die Saalach die Grenze zum Land Salzburg.

Nachbargemeinden sind außer Bad Reichenhall die Gemeinden Ainring, Anger und bereits auf österreichischem Staatsgebiet Wals-Siezenheim. In Piding liegt die letzte Ausfahrt der Autobahn A8 München – Salzburg vor der Landesgrenze.

Archäologische Funde lassen darauf schließen, dass die Gegend bereits in der Jungsteinzeit (ca. 2500 v. Chr.) besiedelt war. Bei der Errichtung der ehemaligen Skiliftanlage am Fuderheuberg 1970 wurden frühbronzezeitliche Kupferringbarren gefunden.

Sportliches Wochenende beim Berchtesgadener Rad-Marathon

Ebenso wie in Bad Reichenhall war hier der Keltenstamm der Alauni ansässig, bis 15 n. Chr. die Römer die Herrschaft übernahmen. Der Ortsname geht vermutlich zurück auf den keltischen Wassergott Bid. Auf ihn verweisen viele Altarsteine aus Untersberger Marmor. Eine andere Deutung liefert ein gängiges Lexikon bayerischer Ortsnamen. Demnach entstand der Ortsname in der Zeit der Landnahme der Baiern und bedeutet in etwa „Bei den Leuten des Pido“. Ab dem 6. Jahrhundert gehörte Piding zum Salzburggau im Stammesherzogtum Baiern. Um 700 übergab der Bayerische Herzog Theodo das Dorf mit seinen damals 30 Häusern als Schenkung an den Bischof von Salzburg. Erst nach der Säkularisation kam Piding im Jahr 1810 zusammen mit dem Rupertiwinkel endgültig zu Bayern. 1985 feierte Piding eingedenk der Schenkung sein 1250-jähriges Bestehen.

In früheren Jahrhunderten wurde auf dem bewaldeten Höhenrücken des Högl der „Högler Sandstein“ abgebaut. Bereits die Römer verwendeten zum Auskleiden oder Abdecken ihrer Grabstätten Sandstein vom Högl. Später gelangte dieser bei Bauarbeiten im gesamten Rupertiwinkel und auch in Salzburg (z. B. Erhardkirche, Residenz) zum Einsatz. Und nicht nur im Rupertiwinkel war der Högler Sandstein gefragt. Fenster und Türenportale, Treppenstufen, Tröge, Schleif-, Mahl- und Wetzsteine wurden überwiegend auf dem Wasserweg der Saalach bis nach München, Amsterdam, Wien und in den Balkan transportiert. Erst mit dem Aufkommen von Zement und Kunststein am Anfang des 20. Jahrhunderts wurde der Abbau unrentabel und schließlich eingestellt.

Auch in Piding gab es einen „Fremdenverkehrs- und Verschönerungs-Verein“, den Ludwig Hosemann 1929 gründete.

Nach Ende des Zweiten Weltkriegs wurden im Durchgangslager Piding über 2 Millionen Flüchtlinge und Heimatvertriebene aus ost- und südosteuropäischen Ländern registriert und über die ganze Bundesrepublik verteilt. Viele fanden in Piding ihre zweite Heimat, was in den Nachkriegsjahren zu einer deutlichen Zunahme der Einwohnerzahl führte.

Piding ist Standort von Handwerksbetrieben und mittelständischen Unternehmen. Bekannt ist vor allem die Molkerei Piding („Milchwerke Berchtesgadener Land Chiemgau eG") mit der weithin bekannten Bergbauern-Milch im Sortiment. Bergbauern-Milch ist keine Worthülse, die Milch kommt tatsächlich und ausschließlich von Bauern, die in den Bergen oder entlang des Alpenhauptkamms wirtschaften. Die Wiesen liegen oft in Höhenlagen oder sind so steil, dass sie nur in Handarbeit gemäht werden können, was zu reduzierten Erträgen führt. Der Viehbestand liegt meistens bei 10 bis 12 Kühen, traditionell wird Massentierhaltung ebenso abgelehnt wie Intensivdüngung. Futtergrundlage sind die Gräser und Kräuter, teilweise sogar Heilpflanzen der Bergwiesen, wo die Tiere über den Sommer frei weiden. Die Kombination all dieser Faktoren ergibt als Endprodukt Milch von besonders hoher geschmacklicher und gesundheitlicher Wertigkeit. Nicht umsonst wurde die Bergbauern-Milch mit Herkunftsgarantie aus dem Berchtesgadener Land von verschiedenen Instituten wiederholt wegen ihrer hohen Qualität ausgezeichnet. In der Molkerei Piding werden 600 000 Liter Milch pro Tag und 220 Millionen Liter pro Jahr verarbeitet.

Piding mit Ortsteilen Mauthausen und Pidingerau vor den schneebedeckten Bergen der Berchtesgadener Alpen und der schlafenden Hexe

Einen Wirtschaftsfaktor mit sozialem Engagement stellen die Pidinger Werkstätten GmbH der Lebenshilfe BGL dar. Derzeit betreuen 46 Festangestellte 210 Mitarbeiter mit körperlichen und/oder geistigen Handicaps. Die Beschäftigten sind kunsthandwerklich oder in diversen Tätigkeitsfeldern (Montage, Schreinerei, Metallverarbeitung, Wäscherei u. a.) beschäftigt und sind kranken- und rentenversichert.

Pfarrkirche Maria Geburt

Im Pfarrdorf Piding steht die Pfarrkirche „Maria Geburt", die um 1500 erbaut und 1755 bis 1760 im Stil des Rokoko umgebaut wurde. Dabei wurde sie mit ansprechendem Stuck verziert und erhielt auch neue Altäre. Die spätgotischen Schätze der Kirche sind heute in Museen zu bewundern, so der berühmte „Schmerzensmann" von Rueland Frueauf dem Älteren in der Alten Pinakothek in München und ein als „Pidinger Ährenmadonna" in die Kunstgeschichte eingegangenes Tafelbild im Bayerischen Nationalmuseum.

Kirche St. Laurentius

In Mauthausen unterhalb des Schlosses Staufeneck steht die romanische Laurentiuskirche, erbaut um 1200. Unweit von hier verlief im Jahre 1275 nach dem Vertrag von Erharting die „Stauffenbruck", die Grenze zwischen dem Fürsterzbistum Salzburg und dem Herzogtum Bayern. Im Ortsteil Mauthausen befand sich die einstige Mautstelle an der Salzstraße Bad Reichenhall – Teisendorf. Seinen Namen verdankt der Ortsteil dann auch dem heute noch erhaltenen Mauthaus. Im Innenraum der Kirche befinden sich herrliche Fresken, einige davon aus dem Jahr 1420. An der Südseite der Kirchenmauer sind noch die vermauerten romanischen Fenster zu erkennen.

Dorfplatz von Piding mit Pfarrkirche Maria Geburt

Standkonzert der Pidinger Blaskapelle

Der Salzheilige Rupertus in der Pidinger Pfarrkirche Maria Geburt

Blick auf den Johannishögl mit dem Untersberg

Die Stoaner Alm am Weg zum Hochstaufen

Schloss Staufeneck

Das Schloss Staufeneck ist ein am Fuße des Hochstaufen gelegener Wehrbau. Erbaut wurde die Festung im 12. Jahrhundert von den Burggrafen von Staufeneck. Im Jahr 1307 ging sie in den Besitz des Erzstifts Salzburg über, dem sie von 1365 bis 1805 als eines der mit hoheitlicher Gewalt ausgestatteten Pfleggerichte im Rupertiwinkel diente. 1513 wurde die Burg unter Erzbischof Leonhard von Keutschach nach einer Zerstörung grundlegend umgebaut und erhielt ihr heutiges Erscheinungsbild. Ein Wappen mit Jahreszahl befindet sich über dem Schlosseingang. Im Zuge der Napoleonischen Kriege fiel das Gebiet 1810 zusammen mit Salzburg an Bayern. Das Schloss befindet sich heute in Privatbesitz und kann nicht besichtigt werden.

Linke Seite:
Schloss Staufeneck aus dem 12. Jahrhundert

Die Fahne der Historischen Reitergruppe Piding

Mittelaltermarkt am Schloss Staufeneck.
Ein Wochenende mit Händlern, Gauklern, historischen Musikveranstaltungen und Ritterkämpfen

Högl

Der Högl ist durch zahllose Wanderwege erschlossen. Lohnende Ziele sind der Ort Ulrichshögl, der Weiler Johannishögl oder die Ausflugsrestaurants Stroblalm und Neubichler Alm mit hervorragendem Blick auf das Reichenhaller Tal und die umliegenden Berge. Nur fünf Minuten Fußmarsch sind es von dort bis zum höchsten Punkt des Högls (827 m), wo die Sendeanlage Högl der Deutschen Telekom steht, mit 157 Metern das höchste Bauwerk des Berchtesgadener Landes.

Auf dem Johannishögl in 705 m Höhe liegt die gotische Kirche St. Johann, von wo man auf die österreichische Landeshauptstadt Salzburg blicken kann. Auf der östlichen Seite des Högls liegt der Ulrichshögl mit der Filialkirche St. Ulrich, die zum Ainringer Gemeindegebiet gehört. Die Wege und Straßen am Högl sind ein beliebtes Ziel der Mountainbiker.

Pidinger Klettersteig

Ein Highlight für den fortgeschrittenen Klettersteig-Geher ist der Pidinger Klettersteig durch die Hochstaufen-Nordwand. Die mit Drahtseilen gesicherte Steiganlage durch teilweise senkrechtes Felsgelände wurde 2003 unter der Leitung des Pidingers Sepp Reichenberger in 1500 Arbeitsstunden errichtet. Die Gemeinde Piding finanzierte die Materialkosten, die Arbeitszeit wurde von den Erbauern ehrenamtlich eingebracht. Der Klettersteig ist kräftezehrend, absolute Schwindelfreiheit und eine komplette Ausrüstung (Klettersteig-Seilsicherung, Steinschlaghelm etc.) sind unbedingte Voraussetzungen für eine Begehung. Wer es gemütlicher haben will, wandert auf einem schönen Weg zur bewirtschafteten Steineralm und kann von dort den Klettersteig-Gehern bei ihrem kühnen Aufstieg zuschauen.

Kirche St. Laurentius in Mauthausen.
Romanischer Innenraum im „Weihrauchnebel"

Doppelseite 130/131:
Piding vor dem Lattengebirge, rechts der Staufen

2003 wurde der Pidinger Klettersteig am Hochstaufen eröffnet. Die steile und sehr ausgesetzte Steiganlage entlang einer früheren Kletterroute stellt hohe Anforderungen an die Armkraft und Kondition der Begeher.

Flugaufnahme von Piding mit der Saalach

Schneizlreuth

Höhenlage: 510 m
Fläche: 107,3 km²
Einwohner: 1 450

Weißbach a. d. Alpenstraße vor dem Zwiesel und Hochstaufen In Bildmitte unterhalb vom Zwiesel das Siedlungsgebiet Jochberg, über den bereits in der Keltenzeit ein Saumpfad von Reichenhall her angelegt war

Schneizlreuth

Bauer vom Hoisenhof

Dem Saalachtal von Bad Reichenhall flussaufwärts folgend, gelangt man zum Gemeindegebiet von Schneizlreuth mit seinen weit verstreuten Ortsteilen. Von diesen liegt Schneizlreuth mit 530 Meter am niedrigsten, Jochberg auf 812 Meter am höchsten.

Die ältesten Dokumente, die sich auf Schneizlreuth beziehen, stammen aus dem Jahr 1285. Damals wurde eine Schwaige zu Schnaizelreut an das Kloster Höglwerd verkauft, wie eine Urkunde des zuständigen Richters zu Hall verlauten lässt. Die erste urkundliche Erwähnung von Weißbach findet sich 1349. Beide Ortschaften waren von jeher Teil Bayerns. Die Gemeinde Schneizlreuth entstand 1909 aus der Vereinigung der Gemeinden Jettenberg und Ristfeucht. Die 1883 gegründete Gemeinde Weißbach (mit dem Ortsteil Jochberg) und die Gemeinde Schneizlreuth wurden 1978 im Zuge der Gemeindegebietsreform vereinigt.

Von Weißbach a. d. Alpenstraße ist es nicht mehr weit nach Inzell, das seit 1965 Bundesleistungszentrum für den Eisschnelllauf-Sport ist und mit dem 2011 eingeweihten Eisstadion ein Austragungsort vieler nationaler und internationaler Wettkämpfe. Allein im Eisschnelllauf wurden seit 1966 hier mehr als 83 Weltrekorde erzielt. Die bekannte Deutsche Alpenstraße (B 305) streift, von Ruhpolding kommend, Inzell nur am Rand. Das Teilstück zwischen Weißbach a. d. Alpenstraße und Schneizlreuth durch die Weißbachschlucht gehört zu den eindrucksvollsten des gesamten Straßenprojekts. Hoch über dem Schluchtgrund, mit Ausblick auf urnatürliche Landschaften, wurde die kurvenreiche Straße aufwändig aus dem Fels gesprengt. Bei Schneizlreuth mündet der kleine Weißbach, der die tiefe Schlucht in das Gebirge sägte, in die Saalach. Die Schlucht, Nadelöhr des Zugangs ins Saalachtal von Nordwesten her, ist ein beliebtes Wanderziel.

In der ganzen Gemeinde Schneizlreuth herrscht ein reges Vereinsleben. Vom Gebirgstrachtenerhaltungsverein (GTEV) „d´Reiteralmer" und der gleichnamigen Böllergruppe über den Jettenberger Altenclub oder den Fußballstammtisch „d´Latscherer", die auch das traditionelle Sonnwendfeuer in Jettenberg ausrichten, bis hin zu Volksmusik- und Hausmusikgruppen (Jettenberger Blasmusik, Holzner Hausmusi, Kienberger Soatnmusi u. a.) ist für jeden etwas geboten.

Gletschergarten

Noch vor Weißbach a. d. Alpenstraße, gleich hinter Zwing, führt die Straße an einer geologischen Attraktion vorbei. Im Naturdenkmal „Gletschergarten" können die vom Saalachgletscher während der Würmeiszeit glattgeschliffenen Felsen bestaunt werden. Der riesige Gletscher wälzte sich von Zell am See über Lofer nach Reichenhall, ein Arm trennte sich bei Schneizlreuth ab und schob sich durch das Weißbachtal in Richtung Inzell. 300 bis 400 Meter dick waren damals die Eismassen, die durch ihr enormes Gewicht zusammen mit eingelagertem Sand und Geröll jene Buckel und Höcker aus dem harten Gestein schmirgelten, die heute unmittelbar neben der Straße zu besichtigen sind. Die wesentlichen Schaustücke sind Gletscherschliffe, Riesentöpfe und erratische Blöcke (Findlinge). Der Gletschergarten, der in den Ostalpen einzigartig ist, wurde 1934 beim Bau der Deutschen Alpenstraße erschlossen und zugänglich gemacht.

Weißbach a. d. Alpenstraße

Der Ort Weißbach a. d. Alpenstraße mit der Pfarrkirche Sankt Vinzenz (von 1949/50) auf einer Anhöhe hat sein alpenländisches Gesicht bewahrt. Am südlichen Ortsrand führt eine Straße zum Jochberg hinauf, dem höchst gelegenen Siedlungsgebiet der Gemeinde Schneizlreuth. Vermutlich waren es bereits die Kelten, die von ihren bekannten Wohnstätten in Kirchberg-Langacker im Reichenhaller Tal ausgehend über den Listsee und Jochberg einen Saumpfad errichteten und so ins westlich gelegene Voralpenland gelangten.

Dem Verlauf der Deutschen Alpenstraße folgend, kommt man am malerisch über der Weißbachschlucht gelegenen Mauthäusl vorbei. Mit der heutigen Gaststätte mit Hotel ist ein Stück bayerische Verkehrsgeschichte verknüpft. Die kühn angelegte Deutsche Alpenstraße folgt einer alten Trasse, die bereits 1590 angelegt wurde. Eine wichtige Route zur Ausfuhr des Salzes war seit 1346 die von Reichenhall über den

Ortsteile

Baumgarten, Fronau, Jochberg, Kibling, Melleck, Oberjettenberg, Ristfeucht, Schneizlreuth, Ulrichsholz, Unterjettenberg, Weißbach a. d. Alpenstraße

Plateaugebirge der Reiteralm mit steilen Wänden nach allen Seiten

Naturdenkmal Gletschergarten bei Weißbach a. d. Alpenstraße

Saalachbrücke bei Jettenberg, die erste Betonbrücke Süddeutschlands (erbaut 1892)

Der reich bemalte Gruberhof am Weg zum Jochberg

Jochberg nach Weißbach und weiter nach Inzell und Siegsdorf „Güldene Salzstraße“. Weiters bestand ein uralter Steig, der früh zur Salzstraße ausgebaut wurde, von Karlstein über den Thumsee hinauf zum Antoniberg und von dort über den Weinkaser hinab nach Schneizlreuth. Eine Verbindung Antoniberg – Weißbach gab es nicht. Das fehlende Wegstück ließ Herzog Wilhelm zwischen 1580 und 1590 erbauen („Neuweg über den Cleber“). Als Wegzoll für die weitaus weniger beschwerliche Alternative zur steilen Jochbergstraße wurde am Mauthäusl eine angemessene Gebühr eingezogen.

Jochberg

Der höchste Ortsteil des Schneizlreuther Gemeindegebiets ist von Weißbach aus über eine schmale asphaltierte Straße erreichbar. Ziemlich abgelegen liegen in der gebirgigen Landschaft viele Bauernhöfe verstreut. Der Wanderparkplatz am Ende der Asphaltstraße ist Ausgangspunkt für Besteigungen des Zwiesels und Gamsknogels mit den bewirtschafteten Almen Zwieselalm und Kohleralm. Über eine Forststraße, die für den öffentlichen Verkehr gesperrt ist, besteht eine Verbindung über den Listsee nach Bad Reichenhall. Die erste Straße, die aus dem Reichenhaller Tal nach Inzell führte, war der „Samerweg“ über den Jochberg. Funde aus der Bronzezeit sprechen dafür, dass er schon vor zweieinhalb Jahrtausenden begangen wurde. Dem Pfad, aus dem wohl bald ein Weg wurde, kam als Verkehrsweg eine immense Bedeutung zu. Nach allgemeiner Auffassung war es Kaiser Ludwig der Bayer (ca. 1281-1347), der um 1346 die Jochbergstraße ausbauen ließ. Der Grund war, dass der Herzog wenigstens eine Straße aus Reichenhall besitzen wollte, die auf bayerischem Gebiet lag. Die „Güldene Salzstraße“ verlief von Reichenhall über die extreme Wegpassage des Jochbergs nach Inzell und weiter über Traunstein nach Wasserburg am Inn. Es handelte sich um die erste befestigte Straße, die außer von den Saumpferden auch von Karren- und Blahenfuhrwerken benutzt werden konnte. Während ein Saumpferd nur zwei Salzscheiben von je 150 Pfund (also etwa 3 Zentner) tragen konnte, transportierten die zweirädrigen Karren problemlos sechs und die Blahenwagen sogar bis zu zwölf Salzscheiben. Die Straße hatte zwar den Vorteil, dass keine Maut fällig wurde, war aber mit Sicherheit stets eine Plackerei für Mensch und Tier. Der Höhenunterschied von Reichenhall zum „Kreuz auf der Höh“ beträgt 430 Meter. Im Winter ist der Jochberg schneereich und die Straße dürfte oft genug unpassierbar gewesen sein. Erst gegen Ende des 16. Jahrhunderts wurde im Auftrag des bayerischen Kurfürsten ein bequemerer Weg gebaut. Dieser führte von der Alten Tiroler Reichstraße vom Antoniberg über den „Cleber“ (entlang der heutigen Alpenstraße) nach Weißbach. Außer einer Informationstafel am Parkplatz Jochberg erinnert heute nichts mehr an diesen jahrhundertelang so bedeutenden Übergang von Reichenhall ins Weißbacher Tal.

Soleleitungsweg

Durch Weißbach führt ein Teilstück der berühmten bayerischen Soleleitung. Das Versieden in den holzbeheizten Sudpfannen der Reichenhaller Saline verschlang im Lauf der Jahrhunderte gewaltige Mengen an Brennholz. Akuter Holzmangel im Reichenhaller Raum führte in den Jahren 1617-19 zum Bau einer Soleleitung von Reichenhall über Weißbach, Inzell und Siegsdorf nach Traunstein mit seiner waldreichen Umgebung. „Die Sole zum Holz befördern anstatt das Holz zur Sole", lautete die Devise. Die „erste Pipeline der Welt", wie die Soleleitung auch genannt wird, hatte eine Länge von 31 Kilometern und überwand zwischen der Solequelle in Reichenhall und dem höchsten Punkt nahe des heutigen Gletschergartens einen Höhenunterschied von 250 Metern.

Im Auftrag von Bayernherzog Maximilian vermochte dessen Hofbaumeister Hans Simon Reiffenstuel den enormen technischen Herausforderungen zu begegnen. Tausende Holzrohre, sog. Deicheln, mussten aus den Stämmen von Fichten und Tannen gebohrt und aneinandergefügt werden. Sieben Hebewerke am Weg, die von Bergbächen angetrieben wurden, pumpten die Sole in Behälter, von wo sie dem natürlichen Gefälle folgend weiterfließen konnte. Wenn in extremen Trockenperioden das Aufschlagwasser versiegte, mussten die Räder von Menschenkraft bedient werden. Als 200 Jahre später auch in Traunstein das Brennholz knapp wurde, entschloss man sich, in Rosenheim mit seinen reichen Holz- und Torfvorkommen eine Saline zu bauen und von der Traunsteiner Soleleitung etwa ab Höhe Siegsdorf eine Abzweigung nach Rosenheim zu führen. Die zweite, ab 1810 unter Georg von Reichenbach erbaute Soleleitung hatte eine Länge von 79 Kilometern. Die von Wasserrädern angetriebenen Hebewerke wurden durch die von Reichenbach entwickelten „Wassersäulenmaschinen" abgelöst, wodurch die Kapazität der Leitung um das Dreifache gesteigert werden konnte. Die Soleleitung nach Traunstein stand bis 1912 in Betrieb, die nach Rosenheim bis 1958.

Ein günstiger Ausgangspunkt für eine Wanderung am historischen Soleleitungsweg ist der Parkplatz beim Seemösl am östlichen Ende des Thumsees. Ein Waldsteig führt hinauf

Wegpassage „Himmelsleiter" am Soleleitungsweg entlang der ehemaligen Soleleitung von Reichenhall nach Traunstein

Die ehemaligen Soleleitungswege sind heute Wanderwege mit geringen Höhenunterschieden

zum Weg, der über dem Thumsee zum Nesselgraben führt. Oberhalb des Straßentunnels kommt man zur Antonius-Kapelle. Von dort führen Stufen zu einem Blockhaus (Informationszentrum), wo man in Texten und Bildern viel Wissenswertes über die Soleleitungen, die Salzgewinnung und die Holzbringung erfahren kann. Weiter geht es oberhalb der Deutschen Alpenstraße nach Weißbach, wo die Himmelsleiter mit 420 Stufen entlang alter Gusseisenrohre ein markantes Wegstück darstellt. Die in den letzten Jahren wieder hergerichteten ehemaligen Salinenwege zwischen Bad Reichenhall und Rosenheim sind eine Bereicherung für Wanderer.

Almenwege

Weißbach a. d. Alpenstraße ist außerdem Ausgangspunkt von landschaftlich reizvollen Wanderwegen zu Almen (z. B. Harbach-, Bichler-, Reiter- und Kaitlalm), wo eine zünftige bayerische Brotzeit als Lohn für die Mühen des Aufstiegs wartet. Wer mehr über die Geschichte des Salzes in der Region erfahren möchte, begehe den Weißbacher „Klausenweg". Auch die bewirtschaftete Höllenbachalm, die vom Parkplatz an der Alpenstraße in ca. 40 Minuten über eine Forststraße erwandert werden kann, ist ein beliebtes Ausflugsziel.

Schneizlreuth

Das Ortsbild der seit 1909 bestehenden Gemeinde bestimmt die erst 1949 erbaute Filialkirche Maria Hilf mit ihrem spindelförmigen Zwiebelturm. Gleich hinter der Kirche baut sich mit schrofigen Wänden das steile Ristfeuchthorn auf. Ein Motiv, das die Landschaftsmaler schon früh begeisterte, ist der Blick gegen Süden ins Saalachtal. Über dem weiten grünen Tal links stehen die markanten Felsgestalten der „Drei Brüder", die zur Reiteralm gehören, rechts erhebt sich der Wendelberg, in der Mitte der Achberg mit dem spitzen Kesslerhörndl.

Wanderwege in großartiger alpiner Umgebung führen durch die Aschauer Klamm (oben) und Weißbachschlucht (unten)

Jettenberg

Wer in Schneizlreuth dem Flussverlauf der Saalach abwärts folgt, gelangt nach wenigen Kilometern nach Jettenberg unter den Nordabstürzen der Reiteralm. Wie in anderen bäuerlich geprägten Regionen besteht auch in Jettenberg ein starkes Zusammengehörigkeitsgefühl der Bevölkerung. Das zeigte sich auch beim Bau des 2002 fertiggestellten „Hauses der Vereine" in Unterjettenberg. Über 16 000 Arbeitsstunden wurden von Gemeindebürgern freiwillig und unentgeltlich erbracht. Jettenberg ist die Heimat der ehem. Skirennläuferin Regina Häusl. In der Weltcupsaison 1991/92 konnte sie in die Weltspitze fahren. Mit dem Sieg in Cortina d´Ampezzo 1993 gewann sie eines der schwierigsten Damenabfahrtsrennen der Welt. Bei den Olympischen Spielen nahm sie 1994, 1998 und 2002 teil. Leider musste Regina Häusl ihre Karriere 2005 verletzungsbedingt aufgeben. Die große Brücke über die Saalach in Fronau (erbaut 1892) war die erste Betonbrücke Süddeutschlands. Gleich danach zweigt die Deutsche Alpenstraße rechts ab in Richtung Schwarzbachwacht. Die Steigung zur Passhöhe (870 m) ist die letzte vor dem südlichen Landkreis und eröffnet einen Zugang ins Ramsauer Tal von Nordwesten her.

Im Ortsteil Oberjettenberg befindet sich die Wehrtechnische Dienststelle 52 (WTD 52) der Bundeswehr mitsamt einer (allerdings nicht öffentlichen) Seilbahn auf die Reiteralm. Die bei den Einheimischen immer noch „E-Stelle" (für „Erprobungsstelle") genannte Einrichtung ist der größte Arbeitgeber der Gemeinde. Ihre Geschichte beginnt in den 1960er Jahren mit der Suche nach einem Hochgebirgs-Übungsplatz für die Soldaten. Geplant war ein Übungsplatz im Wimbachgries in der Ramsau, wogegen sich die Berchtesgadener aber vehement wehrten. So schlug der damalige Landrat Jacob das Hochplateau der Reiteralm vor und dabei blieb es. In 1600 Meter Höhe entstand der Übungsplatz, am Fuße und im Inneren der Reiteralm die Erprobungsstelle. 2007 fand erstmals ein Tag der offenen Tür statt, zu dem die Bevölkerung eingeladen wurde. Viele Besucher bestaunten das riesige Stollensystem im Berg mit modernsten Anlagen zur Erprobung wehrtechnischer Systeme und Ausrüstungsgegenstände für die Truppe.

Schwarzbachalmen unterhalb der Passhöhe von Schwarzbachwacht mit dem Eisberg

„Stoamannein" in der Aschauer Klamm

Naturschauspiel: Weißbachwasserfall

Nahe der WTD 52 verfügt die Firma Schöndorfer über eine ergiebige Dolomitlagerstätte. Ab 1953 wurde dort Dolomit von Hand abgebaut und mit Holzschlitten zur Bundesstraße transportiert. Seitdem wurde der Abbau ständig erweitert und modernisiert. Rohdolomit wird in vielen Bereichen benötigt, in der Bauindustrie, als Füll- und Strukturmaterial in Putzen, als Rohstoff für Glas und Keramik, als Düngemittel, für die chemische, pharmazeutische und Lebensmittelindustrie, und vieles mehr. Der hochqualitative Jettenberger Dolomit kommt bevorzugt bei Anwendungen zum Einsatz, bei denen eine besondere Reinheit des Rohstoffes wichtig ist.

Mit dem Bau der Staumauer und des Saalachkraftwerkes bei Kibling an der Gemeindegrenze zwischen Bad Reichenhall und Schneizlreuth im Jahr 1913 wurde die Saalach in ihrem natürlichen Fließverhalten behindert. Das vom Fluss dauernd und bei Hochwasser in besonderem Maße mitgeführte Geschiebe ließ den See rasch versanden und der Stauraum nahm dementsprechend ab. Der Fuhrunternehmer Hans Antretter war der erste, der im Auftrag der Bundesbahndirektion in den 50er Jahren damit begann, durch Kiesentnahme der Verlandung des Saalachsees entgegenzuwirken.

Auf einem Damm am rechten Flussufer entstand ein Kieswerk, dessen Gelände durch Aufschüttung von entnommenem, zur Weiterverarbeitung unbrauchbarem Material immer mehr erweitert wurde. 1961 errichtete die Firma Schmölzl neben dem Kieswerk eine erste Asphaltmischanlage. 1969 gründeten die Gebrüder Schmölzl zusammen mit Hans Antretter die Firma Antretter GmbH und Co. KG. Schmölzl übernahm damit auch die Leitung des Kieswerkes. Von diesem Zeitpunkt an wurde in die Anlagen erheblich investiert und die Kiesaufbereitung fortlaufend verbessert. Heute ist die Firma Antretter, die den Namen des mittlerweile verstorbenen Gründers behielt, ein wichtiger Baustoff-Lieferant weit über die Landkreisgrenzen hinaus. Zur Produktpalette gehören Kies, Sand, Riesel, Splitt und Brechsand als Zuschlagstoffe für Beton und Asphalt. Die neu gegründete Firma S-Beton betreibt seit 2008 einen Mischturm zur vollautomatischen Produktion von Transportbeton.

Als bemerkenswerter Industriebetrieb auf Schneizlreuther Gemeindegebiet ist noch die Rheinmetall Defence in der Fronau zu erwähnen. Die Defence-Sparte des weltweit erfolgreichen Technologiekonzerns Rheinmetall, Düsseldorf, übernahm 1998 den Bereich Wehrtechnik der alteingesessenen Buck Werke GmbH. Ein zunächst kleines Team von 12 Mitarbeitern entwickelte maßgeblich das innovative Raketenabwehrsystem „MASS", das in der Lage ist, Schiffe wirkungsvoll vor Angriffen moderner sensorgelenkter Raketen auf hoher See, im Küstenbereich und bei terroristischen Attacken zu schützen. MASS verschießt dazu Täuschmunition, die die Flugkörper vom Ziel ablenken. Der weltweit große Erfolg des Sytems, das heute in der Fronau produziert wird, führte dazu, dass dort mittlerweile 60 hochqualifizierte Arbeitsplätze in den Bereichen Physik, Elektrotechnik, Informatik etc. bestehen.

Unterjettenberg und Fronau mit dem Ristfeuchthorn (Bildmitte)

Linke Seite: Filialkirche Maria Hilf von Schneizlreuth im Saalachtal vor dem steilen Ristfeuchthorn

Schlauchbootfahrten auf der Saalach

Westabstürze der Reiteralm in der Abendsonne. Gut sichtbar die Hochfläche, die teilweise als Hochgebirgs-Truppenübungsplatz benutzt wird. Links im Bild die ehemalige Almfläche der Hirschwies, rechts die Hochgipfel der Reiteralpe mit dem Stadelhorn (2286 m) als höchstem Punkt. Im Hintergrund der Hochkalter mit seinem nach Westen ziehenden Hauptkamm

Reiteralm

Wie ein Riesensarkophag ragen die Nordwände der Reiteralpe über Jettenberg auf. Kletterer finden in den senkrechten Kalkwänden ein reiches Betätigungsfeld. Am Feuerhörndl wurde 1994 von Thomas Huber mit der Route „End of silence“ (Schwierigkeitsgrad 11-) eine der anspruchvollsten alpinen Sportkletterrouten im ganzen Alpenraum eröffnet. Ein idealer Stützpunkt für Wanderer und Bergsteiger auf der Reiteralm ist die Neue Traunsteiner Hütte (1560 m). Der kürzeste Zustieg führt von Oberjettenberg in 2½-3 Stunden über den Schrecksattel.

Lohnende Ziele für Bergsteiger sind die Hochgipfel der Reiter Steinberge, das Stadelhorn, Wagendrischelhorn und Häuslhorn (bis 2286 m). Die Hochfläche und die Hänge unterm Wagendrischelhorn boten lange Jahre den Rahmen für einen außergewöhnlichen Sportwettkampf. Im April 1948 fand der erste Anderl-Hinterstoisser-Gedächtnislauf statt, zur Erinnerung an den Reichenhaller Extrem-Kletterer, der 1936 zusammen mit dem Berchtesgadener Toni Kurz auf so tragische Weise in der Eiger-Nordwand ums Leben kam. Bei dem Mannschaftswettbewerb müssen zunächst vom Start in der Nähe des Wagendrischelhorns zwei Abfahrtsstrecken durch hochalpines Gelände gemeistert werden, bevor der Schlussmann einen schwierigen Rundkurs auf der Hochfläche mit Langlaufskiern in Angriff nimmt. Am 20. April 2008 fand der 55. und vorläufig letzte Anderl-Hinterstoisser-Gedächtnislauf statt. Ob der organisatorisch mit großen Schwierigkeiten verbundene Wettkampf weiter durchgeführt wird, wird die Zukunft zeigen.

Auf der Hochfläche betreiben vornehmlich die Bauern des jenseits der Landesgrenze gelegenen Reit (von dem die Reiteralm ihren Namen hat) und die Jettenberger Bauern seit Jahrhunderten Almwirtschaft. Von den einst 60 Almen sind die meisten längst verfallen. Fritz Hofmann lässt in seiner Monografie über die Reiteralpe (2005) eine Sennerin über ihren Arbeitsalltag zu Wort kommen: „Um 3 Uhr früh ging es in der Fronau ab und um 9 Uhr waren wir bereits mit dem Vieh in der Hirschwies. Die tägliche Arbeit begann um 4 Uhr. Zuerst wurden die Kühe gemolken, dann trieb ich sie

aus. Anschließend wurde die Stallarbeit gemacht, dann gab es Frühstückspause. Danach hackte ich Holz und ging Beeren sammeln. Zur täglichen Arbeit gehörte die Beschaffung von Wasser. Auf der Hirschwies gibt es keine Quelle, so musste ich ca. 20 Minuten zu den sogenannten „Saulöchern" gehen. Das kleinere enthielt so für einen Monat Schnee. Dieser wurde in einen „Holzzuber" oder „Schaffl" gefüllt, auf den Kopf getan und zum Kaser getragen. Hier schüttete ich diesen auf das Dach und ließ ihn von der Sonne schmelzen. Das Wasser fing ich dann auf und ich musste sehr sparsam damit umgehen. Wenn es regnete war es leichter, weil das Vieh noch Tage später in Pfützen und Löchern Wasser fand. Schwieriger wurde dies, wenn im kleinen Sauloch kein Schnee mehr war. Da musste ich täglich 18 bis 20 mal zum „großen Sauloch" gehen, an einem Steigbaum 48 Sprossen in einen Eiskeller hinuntersteigen, und das natürlich ohne Schuhe! Am Anfang war es Schnee, der hier lagerte, dann aber musste ich das Eis mit einem Beil zerschlagen, in ein Kopfschaff füllen und die 48 Sprossen heraufsteigen. Heroben brannte die Sonne heiß herunter und so floss mir bald kaltes Wasser über den Körper. Wenn ich das so 10 mal getan hatte, machte ich mir ein Mittagessen, denn nun war ich hungrig. Nachmittags ging´s so weiter. Am Abend trieb ich meine Kühe in den Stall. Meist, wenn ich nicht gerade strickte, gab es sonst noch allerlei zu tun. Manchmal besuchte ich eine andere Sennerin drüben im Reitertrett (einfacher Weg 1½ Stunden), denn hier waren wir damals bereits nur noch zwei Sennerinnen in der Hirschwies."

Die Jettenberger Bäuerin, von der dieser eindrucksvolle Bericht stammt, arbeitete von 1899 bis 1912 auf der „Hirschwies" als Sennerin. Ihre Mutter, die Domabäuerin, verbrachte 46 Sommer dort oben und stieg mit 76 Jahren noch über den anspruchsvollen Zustiegsweg des „Lauf" auf und ab.

Melleck

Saalachaufwärts gelangt man nach Melleck nahe der Landesgrenze. Der kleine Ort am Steinpass liegt seit dem Bau des Wendelbergtunnels in ruhiger Lage abseits der Transitroute. Schön ist der Blick auf die steilen Westabstürze der Reiteralm und auf das Massiv der Loferer Steinberge im Süden. Die nächsten Orte auf österreichischem Gebiet sind Unken und Lofer. Es ist weitgehend in Vergessenheit geraten, dass im Gebiet zwischen Schneizlreuth und Lofer ein Stück Kriegsgeschichte der napoleonischen Ära geschrieben wurde. Am Anfang des 19. Jahrhunderts war dieses Grenzgebiet Schauplatz blutiger Kämpfe zwischen Franzosen und Bayern auf der einen Seite und Österreichern, Tirolern und Pinzgauern auf der anderen Seite. Ein letzter großer Kampf fand im Herbst 1809 in Zusammenhang mit dem Aufstand der Tiroler gegen die verhasste bayerische Besatzung statt. Nachdem die Tiroler bis Reichenhall vorgedrungen waren und sogar Berchtesgaden eingenommen hatten, gelang es den Bayern schließlich mit Hilfe einer List, die Gegner bei Melleck einzuschließen und vernichtend zu schlagen. Gebirgsschützen mit besten Ortskenntnissen hatten 1600 bayerische Soldaten über Schleichwege im Gebirge in den Rücken der Tiroler geführt. Die völlig überraschten Gegner konnten einfach überrannt werden. Damit endeten die Freiheitskämpfe der Tiroler unter ihren legendären Anführern Andreas Hofer und Josef Speckbacher. Für die Bevölkerung des Saalachtales waren die Franzosenkriege eine schwere Zeit. Die Menschen waren mit Truppendurchmärschen aller vier Kriegsparteien Österreich, Frankreich, Bayern und Tirol konfrontiert. Soldaten und Pferde mussten verköstigt, Vorspanndienste geleistet und Reparationszahlungen entrichtet werden. 1809 war gerade um Lofer das ganze Nutzvieh aufgebraucht, die Zäune waren verheizt, die ganze Gegend praktisch ausgeplündert. Erwähnenswert ist auch, dass im Gemeindegebiet von Schneizlreuth die letzten Kampfhandlungen des Zweiten Weltkrieges stattfanden. Einen Tag vor Kriegsende erlebte Weißbach a. d. Alpenstraße noch stundenlange sinnlose Verteidigungskämpfe. Der Bürgermeister von Schneizlreuth wurde beim Versuch, die Sprengung der Saalachbrücke zu verhindern, von SS-Angehörigen erschossen.

Denkmal für die kriegerischen Auseinandersetzungen gegen die napoleonischen Truppen, rechts ein bayerischer Schütze (Ausschnitt aus dem rechten Block)

Ausblick vom Steinpass zu den Loferer Steinbergen

Die hochalpine Region

Berchtesgaden
Bischofswiesen
Marktschellenberg
Ramsau
Schönau am Königssee

FUCHS DRUCK

Berchtesgaden

Höhenlage: 570 m
Fläche: 35,6 km²
Einwohner: 7 600

Stiftskirche St. Peter und Johannes und ehemaliges Kloster der Augustiner-Chorherren in Berchtesgaden

Berchtesgaden

Eine der neun Stelen am Meditationsweg zur Kapelle der Seligpreisungen am Ponnzenzenbichl

Rechte Seite: Herbstnebel über Berchtesgaden im Talbecken unter dem Watzmann

Marktbrunnen von Berchtesgaden mit bayerischem Löwen auf der Brunnensäule vor stattlichen Bürgerhäusern mit weit vorgezogenen Satteldächern, wie es dem alpenländischen Baustil entspricht

Ortsteile

Am Etzerschlössl, Anzenbach, Hintergern, Metzenleiten, Mitterbach, Obergern, Oberau, Obersalzberg, Resten, Unterau, Untersalzberg I, Untersalzberg II, Vordergern

Im äußersten Südosten Oberbayerns liegt der Markt Berchtesgaden, Mittelpunkt des Talbeckens unterhalb des Watzmann mit seinen vier Nachbargemeinden. Jeweils 20 Kilometer entfernt liegen Bad Reichenhall und auf österreichischem Staatsgebiet Salzburg. Der südliche Landkreis, das klassische Berchtesgadener Land, entspricht in seinen Abgrenzungen ziemlich genau dem bis Anfang des 19. Jahrhunderts bestehenden Klosterstaat „Fürstpropstei Berchtesgaden". Hochgebirge prägt das Landschaftsbild. Um das Berchtesgadener Talbecken gruppieren sich die Gebirgsmassive der Berchtesgadener Alpen. Im Zentrum steht der Watzmann (2713 m), der mit seiner markanten Silhouette das Wahrzeichen der ganzen Region ist.

Um den Hauptort Berchtesgaden verstreut liegen im Berchtesgadener Talkessel die vier weiteren Gemeinden des südlichen Landkreisgebietes: Schönau am Königssee, Ramsau, Bischofswiesen und Marktschellenberg. Im Süden und Westen tief eingeschnitten liegen das Königsseer Tal und das Ramsauer Tal mit dem Hintersee. Die zentrale Lage Berchtesgadens zeigt sich auch darin, dass sich hier, unmittelbar neben dem Bahnhof, alle Wasserläufe des südlichen Landkreises, die Königsseer, die Ramsauer und die Bischofswiesener Ache vereinen. Als Berchtesgadener Ache fließen ihre Wasser in Richtung Marktschellenberg der Salzach zu.

Das Schellenberger Tal im Norden eröffnet den Hauptzugang ins Berchtesgadener Talbecken.

Im Nordwesten grenzt der Pass Hallthurm den südlichen Landkreis gegen das Reichenhaller Tal ab. Diesen Namen trägt der Taleinschnitt zwischen Untersberg und Lattengebirge jenseits von Bayerisch Gmain. Ganz nah rücken am höchsten Punkt (693 m) die Berge aneinander, bevor sich das Tal in Richtung Bischofswiesen wieder weitet und den Blick auf den Watzmann in seiner ganzen Größe freigibt. Die Engstelle an der Passhöhe war früher befestigt und markierte die Grenze der Fürstpropstei Berchtesgaden. Bereits seit 1888 besteht die Bahnverbindung über den Hallthurmer Berg zwischen Bad Reichenhall und Berchtesgaden. Einen verkehrstechnisch weniger bedeutsamen, landschaftlich umso schöneren Zugang ermöglicht die Deutsche Alpenstraße, auf der man zwischen Lattengebirge und Reiteralm über die Passhöhe der Schwarzbachwacht (870 m) ins Ramsauer Tal gelangt. Nach Südwesten in Richtung Klausbachtal und über den Hirschbichlpass (Staatsgrenze) kann man den Landkreis nur zu Fuß oder mit dem Fahrrad verlassen. Über den Pass führte schon ein uralter Saumpfad nach Weißbach bei Lofer, über den das Berchtesgadener Salz ausgeführt wurde. Die Straße ist für den öffentlichen Verkehr gesperrt (Schranke auf der Passhöhe). Eine Ausnahmegenehmigung besteht für den RVO-Wanderbus.

Die Geschichte Berchtesgadens beginnt am Anfang des 12. Jahrhunderts. Damals machten sich vier Augustinermönche aus dem Kloster Rottenbuch im Ammergau auf, um im Auftrag des Grafen Berengar von Sulzbach (Oberpfalz) in dem abgeschiedenen Gebirgstal ein Kloster zu gründen. Nach großen Anfangsschwierigkeiten, die im Gründungsbericht dramatisch überliefert sind, „... ein furchterregender, schrecklicher Wald, starrend in ewiger Kälte und Schnee, eine wüste Einöde kurz zuvor noch voller Raubtiere und eine Brutstätte der Drachen", entstand schließlich ein Klostergebäude mit einer Kirche, die 1122 geweiht wurde. Obwohl es wahrscheinlich bereits zuvor in der heutigen Stanggaß ein paar wenige Bauerngüter gab, wird die Stiftsgründung heute als eigentlicher Beginn der Geschichte Berchtesgadens angesehen. Die Mönche riefen Siedler ins Land, denen Grund und Boden gegen Abgabe eines erheblichen Teils der erwirtschafteten Erträge als „Lehen" (= geliehen) zur Verfügung gestellt wurden. Nach der Gründung dauerte es nur weniger als zwei Jahrhunderte, bis sich das winzige Klosterland zu einem eigenständigen Kirchenstaat (Fürstpropstei Berchtesgaden) entwickelt hatte, dessen Landesherr (der Propst) alle denkbaren Rechte und Befugnisse, die sonst nur dem Kaiser zustanden, innehatte. Ab 1559 vertrat der Berchtesgadener Propst im Rang eines Reichsfürsten das kleinste Fürstentum des „Heiligen Römischen Reiches Deutscher Nation" im Reichstag. Zur Aufnahme der für die Geschichte Berchtesgadens bis heute so bedeutsamen Salzproduktion kam es in den Jahren um 1190. Zu der Zeit wird von einem Abbau am Tuval, einem Höhenrücken nördlich des Hohen Göll, berichtet. Zur gleichen Zeit schon schürfte man am Gollenbach, in unmittelbarer Umgebung des heutigen Salzbergwerkes, nach Salz. Der nahe des Tuval gelegene Marktort Schellenberg verdankt seine Entstehung dem Weißen Gold. 1211 ist erstmals ein Sudhaus erwähnt, das unweit der Ache errichtet war. Dorthin wurde auch vom Gollenbacher Revier unter Ausnutzung des natürlichen Gefälles in einer acht Kilometer langen offenen Holzrinne Sole geleitet – die erste Soleleitung überhaupt. Bis 1805 stand die Saline in Betrieb. Die Eröffnung des Petersbergstollens im Jahr 1517 im heutigen Salzbergwerk machte den Bau einer weiteren Saline nötig. 1564 nahm die neue Berchtesgadener Saline Frauenreut (Frohnreuth) in der Nähe des heutigen Bahnhofes ihren Betrieb auf. Sie war bis 1927 in Betrieb.

Die 700-jährige Geschichte der reichsunmittelbaren Fürstpropstei Berchtesgaden endete 1803 im Zuge der Säkularisation. Nach vier Herrschaftswechseln in sieben Jahren kam Berchtesgaden 1810 endgültig zu Bayern. Das Ende des selbstständigen kirchlichen Staates schuf die Voraussetzungen zu einer längst überfälligen Entwicklung in dem bis dahin beinahe völlig isolierten Land: der Öffnung nach außen. Bergsteigende Naturwissenschaftler und Maler waren die ersten, die von Salzburg aus den kaum bekannten, von Bergen umschlossenen Talkessel aufsuchten und erkundeten. Ihre Berichte und Bilder von wunderbaren Landschaften machten Berchtesgaden schnell bekannt. In der Folge entwickelte sich der Fremdenverkehr, der bis heute von größter wirtschaftlicher Bedeutung ist.

Vor der einmaligen Kulisse der Berchtesgadener Alpen mit dem Watzmann liegt in einer Höhenlage zwischen 540 – 600 Meter der Markt Berchtesgaden. Der Name geht auf den „Gaden“ (= Haus mit einem Geschoss/Stockwerk) eines gewissen „Percht(g)er“ zurück, der diesem vor der Klostergründung vermutlich als Jagdstützpunkt diente. In der 900-jährigen Geschichte des Berchtesgadener Landes hat der Ort seine Tradition als Mittelpunkt des Landes bewahrt und das schöne Ortsbild weitgehend erhalten.

Das autofreie Ortszentrum wartet mit schmucken alten Häusern, Straßen und Plätzen ebenso wie großzügigen Bürgerhäusern und prunkvollen Kirchen auf. Der Ort an der Ache mit seinen 7600 Einwohnern und dem nach wie vor ergiebigen Salzstock ist nicht nur Touristenmagnet, sondern auch heilklimatischer Kurort. Durch die Gebietsreform kamen 1972 die Gemeinden Salzberg, Au und Maria Gern zu Berchtesgaden.

„Festspiele der Natur" lautet ein Slogan der Fremdenverkehrswerbung für den namengebenden südlichen Landkreis. Man könnte wahrlich keinen besseren finden! Aber auch kulturell ist vieles geboten. Die vielfältigen Naturschönheiten und kulturellen Sehenswürdigkeiten können in diesem Rahmen nur ganz kurz dargestellt werden. Als der Begriff Urlaub noch gar nicht erfunden war, kamen die bayerischen Könige zur Sommerfrische nach Berchtesgaden. Heute zählt dieser Teil des Landkreises zu den führenden Urlaubsgebieten in Deutschland. Zu den meistbesuchten Zielen gehören der Nationalpark Berchtesgaden, der Königssee mit St. Bartholomä, der Jenner, der Kehlstein, die Rossfeld-Höhenringstraße, das Salzbergwerk, die idyllisch gelegene Maria Gern und der Hintersee in der Ramsau. Geschichtlich Interessierte besuchen das Heimatmuseum im „Schloss Adelsheim", das Königliche Schloss oder die Dokumentation Obersalzberg.

Königliches Schloss

Das Schloss Berchtesgaden war früher das Zentrum des am Anfang des 12. Jahrhunderts gegründeten Klosterstaats. Nach 1810 diente es den Wittelsbachern, den früheren Königen Bayerns als Sommerresidenz. Das Gesamtgebäude ist das Ergebnis einer bis ins späte 18. Jh. andauernden Bautätigkeit. Kronprinz Rupprecht von Bayern wohnte hier mit seiner Familie von 1922 bis 1933 und stattete das Schloss mit seinen Kunstsammlungen aus. Der Rundgang durch das Museum führt durch 30 Räume in drei Stockwerken. Man trifft auf eine geglückte Vereinigung von historischen Sälen, bedeutenden Kunstwerken und Kunstschätzen aus sieben Jahrhunderten. Die alte Klosterkultur, der Geist der Künstler, der Sammeleifer des Kronprinzen, das alles scheint in den altehrwürdigen Räumen konserviert zu sein.

Seite 150:
Winternacht über Berchtesgaden

Kirschblüte im Kurgarten

Berchtesgadener Kirchen aus dem Mittelalter: Stiftskirche mit Schlossplatz und St. Andreaskirche (links)

Stiftskirche St. Peter und Johannes der Täufer

Die bedeutendste historische und kunstgeschichtliche Sehenswürdigkeit Berchtesgadens ist die Stiftskirche des ehemaligen Augustiner-Chorherrenstiftes mit dem anschließenden Klostergebäude und seinem bemerkenswerten romanischen Kreuzgang. Kloster mit Kirche (geweiht 1122) gelten als Urzelle Berchtesgadens. Von hier aus nahmen die Rodungs- und Siedlungstätigkeiten im Berchtesgadener Talkessel zu Beginn des 12. Jahrhunderts ihren Anfang. Beide sind auf einem steil nach Osten abstürzenden Felsvorsprung erbaut, was auf den Wehrcharakter wider das nahe, stets bedrohliche Salzburg hinweist. In der Kirche sehenswert sind besonders die Marmorepitaphe der Berchtesgadener Pröpste, der Hochaltar von 1669 mit dem barocken Silberaltar und das reich geschnitzte, eichene Chorgestühl aus der ersten Hälfte des 15. Jahrhunderts.

St. Andreaskirche

Nördlich der Stiftskirche, gegenüber vom Rathaus, steht die im 13. Jahrhundert erbaute Pfarrkirche St. Andreas, heute in der Raumgestalt des Erweiterungsbaus aus den Jahren 1699/1700. Es spricht vieles dafür, dass sich am Standort der Kirche bereits bei der Klostergründung (um 1100) eine wohl von Salzburg aus gegründete Kapelle befand, die vom ersten Propst Eberwin mit seinen Mitbrüdern übernommen wurde. Bemerkenswert sind der Hochaltar von 1700, die Seitenaltäre aus der ersten Hälfte des 17. Jahrhunderts sowie die kunstvollen Epitaphe.

Franziskanerkirche

Auch in Berchtesgaden wurde nach der damaligen Sitte der Doppelklöster wohl noch in der ersten Hälfte des 12. Jahrhunderts ein Kloster für Augustiner-Chorfrauen errichtet, und zwar nördlich des Herrenklosters im danach benannten Nonntal. Nach Kriegswirren, verbunden mit Raub und Plünderung, wurde der Frauenkonvent gegen Ende des 14. Jahrhunderts an seinen heutigen Standort am Anger verlegt und, ohne größere Bedeutung erlangt zu haben, in der Mitte des 16. Jahrhunderts wieder aufgelöst. 1695 wurden Kirche und Klostergebäude den Franziskanern überlassen. Erbaut wurde die Franziskanerkirche in langer Bauzeit zwischen 1480 und 1488 als spätgotische zweischiffige Hallenkirche. Der grünbehelmte Turm kam 1683 dazu.

Sehenswert sind die Pfeiler aus Rotmarmor und die östlich angebaute frühbarocke Marienkapelle mit dem Gnadenbild der „Kornährenmadonna“. Der Alte Friedhof gleich neben der Kirche birgt

die Grabmale einiger bemerkenswerter Persönlichkeiten, so zum Beispiel des Holzwarentrödlers Anton Adner, der mit einer Holzkraxe auf seinem Rücken die „Berchtesgadener War“ vertrieb und tatsächlich 117 Jahre alt wurde (1705-1822); oder von Mauritia Mayer, die mit ihrer „Pension Moritz“ den Tourismus am Obersalzberg mitbegründete.

Heimatmuseum „Schloss Adelsheim“

Das Berchtesgadener Heimatmuseum informiert umfassend über die geschichtliche, wirtschaftliche, kulturelle und soziale Entwicklung in der ehemaligen Fürstpropstei Berchtesgaden. 1614 vom damaligen Stiftsdekan erbaut, diente Schloss Adelsheim jahrhundertelang hohen Stiftsbeamten, später Holzwarenverlegern als nobler Wohnsitz. Der Besucher gewinnt einen umfassenden Eindruck vom Leben der Menschen einst und jetzt. Der Sammlungsschwerpunkt liegt auf der „Berchtesgadener War“: kunstvoll bemalte Spanschachteln, Holzspielzeug, kostbare Beinschnitzereien und wertvolle Marionettenfiguren des Gabriel Gailler. Hier ist zudem die bedeutende Sammlung des Volkskundlers und Religionswissenschaftlers Rudolf Kriss ausgestellt. In der früheren Kapelle wird das „geistliche Berchtesgaden“ anschaulich dokumentiert.

Salzbergwerk Berchtesgaden

Im historischen Salzbergwerk erfährt man eine Menge über die Geschichte der Salzgewinnung. Als Berchtesgaden noch Fürstpropstei war, durften nur Auserwählte das Salzbergwerk besichtigen. Heute besuchen diese Wunderwelt – SalzZeitReise – unter Tage jährlich rund 400 000 Besucher. In Schutzkleidung fährt man mit einer Grubenbahn tief in den Berg. Weiter geht es über lange Rutschen, durch dunkle Stollen, vorbei an einer schimmernden Salzgrotte zu einem geheimnisvoll beleuchteten See. Die Überfahrt im lautlos dahingleitenden Floß gehört zu den Höhepunkten der einstündigen Führung. Eine zusätzliche Attraktion bietet das Salzbergwerk seit 1990 mit der Eröffnung des Heilstollens. In der Nähe des Kaiser-Franz-Sinkwerks finden in einer hallenförmigen Grotte 130 Patienten Platz. Von der staub- und allergenfreien salzhaltigen Luft profitieren besonders Patienten mit Atemwegskrankheiten wie Asthma und Bronchitis oder Hautkrankheiten (zum Beispiel Neurodermitis).

Früherer bedeutender Erwerbszweig der Berchtesgadener Bevölkerung: Holzschnitzwaren (Berchtesgadener War)

Pfingstfest der Bergknappen

Linke Seite: Die Katholische Franziskanerkirche, darunter die evangelische Christuskirche

Rossfeld-Höhenringstraße

Anders als die Kehlsteinstraße ist die Rossfeld-Höhenringstraße für Privat-Kfz gegen eine Mautgebühr befahrbar. Über Passagen mit bis zu 13 % Steigung mit zahlreichen Kurven und Kehren, die ständig neue Ausblicke und Eindrücke vermitteln, gelangt man bequem zur Scheitelstrecke in 1540 Meter Höhe. Der Blick reicht von Salzburg über das Tennengebirge und die Berge des Salzkammerguts bis zum vergletscherten Dachstein, auf der anderen Seite über den gesamten Berchtesgadener Talkessel vom Untersberg bis zum Watzmann. Im Winter dient die Höhenringstraße als Zufahrt zu einem schneesicheren, mäßig schwierigen Skigelände mit drei Schleppliften. Zwei Berggasthäuser, die Rossfeldskihütte und der Ahornkaser, sind ganzjährig bewirtschaftet.

Kehlstein

Vom Kehlsteinhaus (1834 m) kann man einen traumhaften Blick auf das Berchtesgadener Land genießen. In nur 13 Monaten wurde 1937/1938 die 6,5 km lange Straße vom Obersalzberg zum Kehlstein in die Felsen gesprengt. Die Straße ist für den Individualverkehr gesperrt, die Auffahrt erfolgt von der Busabfahrtsstelle Kehlstein am Obersalzberg mit Spezialbussen der RVO. Vom großen Buswendeplatz am Straßenende führt ein Serpentinenweg die letzten 120 Meter zum Haus in unmittelbarer Gipfelnähe. Bequemer geht es mit dem Lift. Durch einen über hundert Meter langen Felstunnel aus Natursteinen erreicht man vom Parkplatz aus den noch aus dem Jahr 1938 stammenden Originalaufzug. Nur 45 Sekunden dauert die Fahrt in der mit goldglänzendem Messing verkleideten Kabine, bis man direkt in der Vorhalle des Kehlsteinhauses – von den Amerikanern „Eagle´s Nest" (Adlerhorst) genannt – landet, in dem seit 1960 eine Gaststätte eingerichtet ist. Auf dem lang gestreckten Gipfelgrat ist in einer Rundschleife ein leicht begehbarer Höhenweg angelegt. Den Weiterweg jenseits einer Steinmauer über den Mannlgrat zum Hohen Göll dürfen nur erfahrene Bergsteiger wagen.

Dokumentation Obersalzberg

Nordöstlich vom Markt Berchtesgaden liegt auf halber Höhe zum Kehlstein in 1000 Meter Höhe der Obersalzberg. Berühmt wurde der Berg durch ein finsteres Kapitel der deutschen Vergangenheit. Hitler ließ sich dort einen Wohn- und Regierungssitz einrichten und viele Größen der nationalsozialistischen Partei folgten ihm nach. Am Vormittag des 25. April 1945, wenige Tage vor Kriegsende, heulten am Obersalzberg die Alarmsirenen. Nahezu alle während der NS-Zeit errichteten Gebäude, darunter Hitlers Berghof, wurden stark beschädigt oder vollständig zerstört. Die Alliierten hatten es gezielt auf den Obersalzberg abgesehen, wo sie die „Alpenfestung" Hitlers vermuteten. Berchtesgaden selbst blieb verschont, auch das Kehlsteinhaus wurde nicht getroffen. Am selben Tag wurden Bad Reichenhall und Freilassing bombardiert, was an die 300 Menschen das Leben kostete.

Nach der Kapitulation beschlagnahmten die Amerikaner das Gelände und nutzten es bis in die 1990er-Jahre als Erholungsgebiet („US-Recreation Area"). Aus dem ehemaligen Platterhof wurde das Hotel „General Walker", das Angehörigen der US-Army als Feriendomizil diente. Auf dem Areal befinden sich heute mehrere Skilifte und ein Golfplatz. Lange noch stand der Berghof als mahnende Ruine am Obersalzberg, bis er 1952 gesprengt wurde. Die Reste der „braunen Vergangenheit" sind heute weitgehend verschwunden, die Ruinen abgetragen, die Stollen zugemauert. Gras und Buschwerk wachsen über dieses dunkle Kapitel deutscher Vergangenheit. Unter der Trägerschaft des Freistaates Bayern informiert eine ständige Ausstellung des Instituts für Zeitgeschichte München-Berlin in Texten und Bildern nicht nur ausführlich über die Zeit der NS-Diktatur, sondern auch über die Geschichte des Obersalzbergs vor 1933 und nach 1945. Ihr Schwerpunkt liegt auf den Jahren dazwischen. Die Lokalgeschichte wird mit einer aufrüttelnden Darstellung der Ausprägungen der menschenverachtenden Ideologie des Nationalsozialismus verbunden. Das 1999 eröffnete Dokumentationszentrum präsentiert einen authentischen „Täterort" mit über 900 Fotos, Dokumenten, Plakaten, Film- und Tonaufnahmen, die der Öffentlichkeit zum Teil erstmals zugänglich gemacht wurden. Ein Teil der früheren Bunkeranlagen am Obersalzberg mit wechselnden Ausstellungen kann eindrucksvoll besichtigt werden.

Das InterContinental Resort Berchtesgaden am Eckerbichl

Die Dokumentation Obersalzberg, erbaut auf dem Kellergemäuer des ehemaligen Partei-Gästehauses

Blick ins Berchtesgadener Tal von der Au

Linke Seite:
Die Auer Kirche im Morgenlicht

Sonnenaufgang am Hohen Göll

Blick vom Kehlstein auf die Gemeinden Schönau am Königssee (Bildmitte) und Bischofswiesen, ringsum die grandiose Hochgebirgslandschaft der Berchtesgadener Alpen. Links das zum Göllstock gehörende Hohe Brett, weit hinten das Steinerne Meer mit dem Königsseetal darunter, im Rund folgen Watzmann, Hochkalter, Reiteralm, Lattengebirge und Untersberg.

Wallfahrtskirche Maria Gern vor dem Watzmann in seiner ganzen Größe

Klapfleben in Maria Gern vor den Südabstürzen des Untersbergs

Freizeit und Sport

Vielseitig wie die Landschaften sind im südlichen Landkreis die Möglichkeiten der Freizeitgestaltung. Wandern, Golf, Tennis, Sommerrodeln, Eislaufen in der z.T. auch im Sommer geöffneten Eislaufhalle, sowie Langlauf oder Skilauf und Snowboarden in den Skigebieten Gutshof und Rossfeld setzen sportliche Akzente. Wandern und Bergsteigen stehen in der großartigen Gebirgslandschaft des Nationalparks Berchtesgadener Alpen an erster Stelle. Geboten ist ein Netz von 230 Kilometer Wander- und Bergwegen. Von der leichten, sanften Talwanderung bis zur mehrtägigen Hochgebirgsüberschreitung ist für alle Ansprüche und Wünsche etwas dabei. Mehrere Hütten des Deutschen Alpenvereins dienen hierzu als Stütz- und Ausgangspunkte. Bei Kletterern stehen die Berchtesgadener Alpen hoch im Kurs. Steile Wände mit festem Kalkfels finden sich an den Südabstürzen des Untersberges, der Reiteralm und am Hohen Göll.
Der Wintersport hat lange Tradition in Berchtesgaden und ist ein weiteres Aushängeschild. Spitzensportler finden auf der Kunsteisbahn am Königssee optimale Trainings- und Wettkampfbedingungen. Der erfolgreichste Sportler des Rodelclubs Berchtesgaden, Georg Hackl, gewann sechs Olympische Medaillen und drei Weltmeisterschaftstitel.

Ein Magnet für Gäste aus nah und fern ist die WatzmannTherme mit 900 m² Wasserfläche (Kur- und Erlebnisbad, 80-Meter-Rutsche, Sauna, Solarium, Solebecken, Dampfbad).

Wallfahrtskirche Maria Gern

In idyllischer landschaftlicher Umgebung ist in Maria Gern vor den Steilwänden des Untersbergs die gleichnamige Wallfahrtskirche (von 1710) mit ihrem originellen Zwiebelturm erbaut. Vom Standort der Kirche hat man einen wundervollen Blick auf Berchtesgaden und den Watzmann in seiner vollen Größe. Weitere bekannte Wallfahrtskirchen sind auf Ramsauer und Marktschellenberger Gemeindegebiet erbaut (Maria Kunterweg und Maria Heimsuchung).

Wallfahrtskirche in Maria Gern von 1710

Bischofswiesen

Höhenlage: 610 m
Fläche: 62,1 km²
Einwohner: 7 500

Partnergemeinde:
Wölbling in Österreich

Blick von der Kastensteinerwand auf Bischofswiesen mit dem Watzmann (links) und den Ausläufern des Lattengebirges (rechts)

Bischofswiesen

Ortsteile

Engedey, Hallthurm, Loipl, Stanggaß, Strub, Winkl

Brunnenfiguren an der Hauptstraße erinnern an den Wiesentausch 1155 zwischen dem Salzburger Erzbischof und dem Berchtesgadener Propst

Die 1926 fertiggestellte Pfarrkirche Herz-Jesu

Rechte Seite: Bischofswieser Alphornbläser auf der Kastensteinerwand

Rathaus von Bischofswiesen

Entlang der Bischofswiesener Ache zwischen Berchtesgaden und Reichenhall erstreckt sich in einer Höhenlage zwischen 580 – 900 Meter die flächenmäßig drittgrößte Gemeinde des Berchtesgadener Talkessels. Das Ortswappen, ein Getreidekasten auf grünem Feld mit zwei gekreuzten Bischofsstäben, erinnert an einen historischen Besitzerwechsel im Jahre 1155. Damals tauschte der Berchtesgadener Propst Heinrich I. einen Hof in Niederösterreich gegen eine Wiese am Fuße der Kastensteiner Wand, die dem Salzburger Erzbischof Eberhard I. gehörte. Auf dieser „Bischofswiese" entstand der weitläufige Ort, der – dem Hochgebirge etwas vorgelagert – ein bemerkenswertes Panorama zu bieten hat. Mit der in Niederösterreich zwischen Krems und St. Pölten gelegenen Gemeinde Wölbling besteht eine Gemeindepartnerschaft.

Bischofswiesen mit seinen 7500 Einwohnern weist eine gelungene Mischstruktur auf. Alte landwirtschaftliche Anwesen gibt es ebenso wie Gewerbegebiete („Pfaffenfeld" und „Stangenwald"), ein großes Einkaufszentrum („Panoramapark") und Fremdenverkehrseinrichtungen. Der Ortskern rund um die Pfarrkirche ist Mittelpunkt mehrerer Gnotschaften (so nannte man den Zusammenschluss benachbarter Bauernhöfe): die Streusiedlung Loipl, auf einem 200 – 300 Meter höheren, sonnigen Hochplateau gelegen, Stanggaß unterhalb des bewaldeten Kälbersteins, Strub mit seinen Hochmoor- und Moosflächen, sowie der Hangsiedlung Engedey. Dem Ortsteil Winkl sieht man heute nicht mehr an, dass er aus einer Ansammlung von Wehrmachtsbaracken hervorging, die das Oberkommando der deutschen Wehrmacht ab 1944 hatte aufstellen lassen. Nach dem Krieg dienten die Baracken als Auffanglager für Tausende von Heimatvertriebenen, bis sie Ende der fünfziger Jahre abgerissen und durch Wohnblöcke ersetzt wurden. Im Vergleich zu den umliegenden Gemeinden spielen in

Bischofswiesen mittelständische Gewerbe und Industrie-Unternehmen – insbesondere des Feinmechaniksektors – eine größere Rolle. Bekannt ist die Klinik „Medical Park Loipl" in bester Lage. Die Fachklinik für Neurologie verfügt über modernste medizinische Ausstattung. Optimale Diagnostik und Therapie bei der Rehabilitation neurologischer Patienten sind damit zu jedem Zeitpunkt gewährleistet.

Bischofswiesen liegt an der Bahnstrecke Freilassing-Berchtesgaden, welche seit 2006 auch von der Linie S3 der S-Bahn Salzburg befahren wird.

Wenige Kilometer in Richtung Bad Reichenhall liegt am Pass Hallthurm (693 m) der nördlichste Punkt der ehemaligen Fürstpropstei. Von den Grenzbefestigungen, die am Ende des 12. Jahrhunderts nach einem Überfall der Reichenhaller auf die Berchtesgadener Salinenanlagen errichtet wurden, ist bis auf den Wehrturm direkt an der Straße nicht viel übrig geblieben. Oberhalb der Passhöhe erhebt sich eine von Bischofswiesen aus gut sichtbare markante Bergformation: die nach dem Riechorgan des gleichnamigen bayerischen Ministers benannte „Montgelasnase", zusammen mit dem westlich anschließenden Grat vom Volksmund auch „Schlafende Hexe" genannt. Wer vom Predigtstuhl in Richtung Hallthurm absteigt, kommt an der auffallenden Felsgestalt der Steinernen Agnes vorbei. Der 20 Meter hohe Felsobelisk mit pilzförmigem Kopf wurde zum Geotop des Jahres 2004 ernannt.

Pfarrkirche Herz-Jesu

Reichlich spät, im ersten Viertel des 20. Jahrhunderts, entstand in Bischofswiesen eine eigene Pfarrei. Unter den Seelsorgegeistlichen aus Berchtesgaden ist vor allem Josef Ametsbichler zu erwähnen, der 1920 als 4. Kaplan von Berchtesgaden aus seinen Dienst hier aufnahm. Wie seine Vorgänger bemühte er sich um den Bau einer eigenen Pfarrkirche für Bischofswiesen – ein schwieriges Unterfangen. Trotz aller Widerstände gelang es ihm, mit vielen treuen Helfern in den Jahren 1924 bis 1926 die heutige Herz-Jesu-Kirche zu errichten. Da man mit dem Bau in der Inflationszeit 1923 begann, konnte die Kirche nur mit dem Allernötigsten ausgestattet werden: einem alten Hochaltar aus Berchtesgaden, einer Marienfigur (heute in Winkl) und einem schlichten Beichtstuhl. Nicht einmal für eine Tünchung reichte das Geld. Nach und nach erhielt die Kirche ihre Ausstattung, die im Lauf der Zeit verändert wurde. Die Kanzel, Kommunionbank und die Seitenaltäre mussten bei der Kirchenrenovierung 1974-76 weichen. Der Hochaltar mit der Herz-Jesu-Figur, ein Geschenk aus Berchtesgaden, war bereits 1958 nicht mehr zu reparieren. Dafür kam eine neue Herz-Jesu-Darstellung von Hans Richter (1958) als Mittelpunkt in die Apsis der Kirche. Besondere Beachtung verdient der Kreuzweg von Gottfried Rasp (1927), der auf einer Kunstausstellung einen bedeutenden Preis erhielt. In den Jahren 1996 – 2001 wurde die Kirche generalsaniert. An der Außenseite weist die vom früheren Hochaltar stammende Herz-Jesu-Figur auf das Patrozinium der Pfarrkirche hin.

Abziehendes Regenwetter über dem Berchtesgadener Land. Der Hohe Göll und der Watzmann spiegeln sich in einer Wasserfläche nahe des Aschauer Weihers

Bischofswiesen

Herbstliche Farbenpracht am Maximilians-Reitweg nahe dem Aschauer Weiher

Bischofswiesen bietet eine Vielzahl von Wanderwegen

Eigenartige Felsformation der Steinernen Agnes im Lattengebirge, Geotop des Jahres 2004

Rechte Seite: Nach starken Regenfällen entsteht der Hallthurmsee

Um die Weihnachtszeit laufen die Buttnmandl, in Stroh und Fell gebundene, unverheiratete Burschen

Rechte Seite: Das Störhaus thront auf dem Untersberg

Wallfahrtskirche Loipl

Die Wallfahrtskirche im Ortsteil Loipl von 1799 entstand als letzter Sakralbau der ehemaligen Fürstpropstei. Um 1825 wurde die Kirche vergrößert und spätestens seit dieser Zeit pilgerten – wie alte Votivtafeln belegen – auch Wallfahrer dorthin. Ihre Verehrung galt besonders dem Maria-Hilf-Bild des Altars, einer Kopie des Cranachschen Vorbilds in Passau-Maria Hilf. 1910 wurde das Kirchlein umfassend renoviert, aus der Zeit (1912) stammt auch der sehenswerte Hochaltar. 1999 feierten die Loipler das 200-jährige Bestehen ihres Kirchleins. Winkl und Loipl sind berühmt für das an den ersten beiden Adventssonntagen stattfindende „Buttnmandllaufen".

Freizeit und Sport

Besonders in Talnähe bietet Bischofswiesen viele schöne Wandermöglichkeiten. Zu erwähnen ist besonders der Maximilians-Reitweg. Der bequeme, etwa 10 km lange Wanderweg zwischen Hallthurm und dem Naturbad „Aschauer Weiher" am Fuße des Untersberges ist Teil eines 240 km langen Weitwanderweges von Lindau am Bodensee nach Berchtesgaden. Die gesamte Strecke legte der bayerische König Maximilian II. im Sommer 1858 mit seinem Gefolge in fünf Wochen zurück. Besonders reizvoll ist der Weg mit schönen Ausblicken auf die Berchtesgadener Berge im Herbst zur Zeit der Laubfärbung.

Eine Attraktion des Ortes ist das 2004 eingeweihte Naturbad Aschauer Weiher mit 8000 m² Gesamtwasserfläche. Die Anlage besteht aus einem Bade- und einem Regenerationsbereich. Die Wasserqualität wird durch natürliche Selbstreinigungsmechanismen ohne Einsatz von Chemikalien gewährleistet. Der Badebereich ist eingeteilt in einen Nichtschwimmer-, einen Schwimmer-, einen Sprung- und Kleinkinderbereich. Außerdem gibt es einen Beachvolleyballplatz, eine Kneippanlage und einen Trimm-Dich-Pfad. Neu ist der Märchenpfad, ein Rundwanderweg mit geschnitzten Märchenfiguren.

Im Winter bietet das Langlaufzentrum Aschauer Weiher in sonniger Lage etwa 20 km bestens gepflegte Langlaufloipen in allen Schwierigkeitsgraden. Ausgangspunkt ist der kostenlose Parkplatz des Naturbades, von wo die Loipen in Richtung Oberaschau, Hochgart, Dietfeld und Rostwald führen. Die sogenannte Stadionrunde wird mit Maschinenschnee beschneit und täglich bis ca. 20 Uhr mit Flutlicht beleuchtet.

Das Skigebiet Götschen ist Regionalzentrum für Ski Alpin und Snowboard, sowie Landesleistungszentrum Ski Alpin des Behinderten- und Rehabilitations-Sportverbandes Bayern und Paralympischer Trainingsstützpunkt. Am Nordhang des Götschenkopfes (bis 1300 m) erwarten den Sportler eine Dreiersesselbahn und zwei Schlepplifte mit FIS-Abfahrten. Schneesicherheit gewährleistet eine Beschneiungsanlage. Eine leistungsstarke Flutlichtanlage ermöglicht Nachtskilauf. Bei geeigneter Schneelage ist die Abfahrt vom Götschenkopf über 700 Höhenmeter hinunter nach Bischofswiesen möglich. Seit Februar 2009 kommt eine Ski-Weltmeisterin aus Bischofswiesen. Kathy Hölzl gewann mit ihrem Überraschungssieg in Val d'Isère nach 31 Jahren für Deutschland den Weltmeistertitel im Riesenslalom. Erfolgreichster Medaillensammler der Gemeinde Bischofswiesen ist die Rodellegende „Hackl Schorsch" mit 33 Gold-, Silber- und Bronzemedaillen.

Naturbad Aschauer Weiher mit seinen großzügig angelegten Langlaufloipen

Markt-schellenberg

Höhenlage: 503 m
Fläche: 17,7 km²
Einwohner: 1 800

Marktschellenberg im Tal der Berchtesgadener Ache vor dem Untersberg

Marktschellenberg

Ortsteile

Ettenberg, Götschen, Landschellenberg, Mehlweg, Neusieden, Oberstein, Scheffau, Zill

Zwischen Berchtesgaden und Salzburg, durchflossen von der Berchtesgadener Ache, liegt der 1800 Einwohner zählende heilklimatische Kurort am Fuße des Untersberges. Als um 1190 östlich des Ortes am sogenannten Tuval Salz entdeckt wurde, begann der Aufschwung der 1211 erstmals als „Schellenperch" erwähnten Siedlung. Einst bestimmten die Salinenanlagen am Achenufer das Ortsbild und der Salzabbau und -handel die wirtschaftliche Entwicklung. Da nicht nur die Berchtesgadener Pröpste, sondern auch die Salzburger Erzbischöfe an den Salzvorkommen interessiert waren, blieben Streitigkeiten nicht aus. Der Wehrturm direkt an der Bundesstraße legt als letzter Überrest einer Grenzbefestigungsanlage der Propstei Berchtesgaden gegen Salzburg Zeugnis von den auch kriegerischen Auseinandersetzungen um das „weiße Gold" ab. Zudem wurde Schellenberg häufig von Naturkatastrophen wie Überschwemmungen und Erdrutschen heimgesucht. Als im Jahr 1805 die Saline geschlossen wurde, verarmten weite Teile der Bevölkerung. Spürbar aufwärts ging es erst nach Einsetzen des Fremdenverkehrs zur Jahrhundertwende. Pittoreske alte Häuser aus der Blütezeit bestimmen heute noch das Ortsbild. Verkehrstechnisch ist Marktschellenberg per Auto oder RVO-Bus erreichbar. Die Südlinie der Salzburger Straßenbahn, die ab 1907 durch Schellenberg bis zum Königssee führte, wurde 1938 stillgelegt.

Pfarrkirche St. Nikolaus und St. Ulrich

Mitten im Ort steht die 1870-71 erbaute neugotische Pfarrkirche St. Nikolaus mit reicher Ausstattung (Altäre, Kreuzigungsgruppe, Grabplatten), unmittelbar neben der Kirche die Pestsäule von 1626. Pestepidemien blieben auch dem Berchtesgadener Land nicht erspart. Ein Neubau wurde erforderlich, nachdem die alte Kirche von 1521 in der ersten Hälfte des 19. Jahrhunderts durch Sturm und Blitzschlag so stark beschädigt worden war, dass sie wegen Einsturzgefahr sogar abgestützt werden musste. Der heutige neugotische Bau hat den Turm und das Marmorportal des Vorgängerbaues behalten. Gewidmet ist die Pfarrkirche Marktschellenberg auch dem Schutzpatron der Salzschiffer, dem hl. Nikolaus. An der Nordseite der Kirche steht das alte Kriegerdenkmal für die Gefallenen des Deutsch-Französischen Krieges 1870-71, auf dem Marktplatz ein neues Kriegerdenkmal mit Brunnenanlage für die Toten der beiden Weltkriege 1914-18 und 1939-45.

Historische Häuserfronten an der Berchtesgadener Ache mit dem Gemeindeamt

Die neugotische Pfarrkirche St. Nikolaus von 1870-71
Glasfenster: Hl. Nikolaus

Marktbrunnen

Fronleichnamsprozession in Marktschellenberg mit den Prangerschützen

Rechte Seite: Tiefblick von der Köpplschneid in das Schellenberger Tal

Wallfahrtskirche Maria Heimsuchung in Ettenberg

Ein steiles Sträßchen führt von Marktschellenberg hinauf zu dem malerisch auf einem Wiesenplateau in 830 Meter Höhe gelegenen Barockkirchlein, wo ein wundervoller Ausblick auf die umliegenden Berge geboten ist. Gleich neben der Kirche steht das alte Mesnerhaus, der heutige Mesnerwirt, ansonsten ist die Gegend um die Kirche nach wie vor wenig besiedelt. Die Wallfahrt nach Maria Ettenberg ist seit 1695 nachweisbar. Ein Bauer hatte ein Marienbild an einen Baum gehängt, von dem zunächst niemand wusste, woher es kam. Das Bild löste sogleich den Zulauf des Volkes aus und der zuständige Pfarrer konnte schon nach kurzer Zeit eine lange Liste von Gebetserhörungen niederschreiben. Ein Votivbild von 1696 zeigt das Gnadenbild bereits in einer einfachen Holzkapelle, die bald an den Baumstamm angebaut worden war. Schon 1697 ist eine etwas größere hölzerne Kapelle erwähnt. Bei einer Messe 1698 sollen in einer Prozession über 8000 Gläubige dorthin gewandert sein. Am 17. März 1724 fand die Grundsteinlegung für den jetzigen Bau statt, bereits 1727 wurde die Filialkirche vom Salzburger Erzbischof eingeweiht, während sich die Innenausstattung bis 1750 hinzog. Der gedrungene Spitzhelmturm kam erst im 19. Jahrhundert (1841) dazu, nachdem ein zuvor geplanter Turmbau infolge mangelnder Fundamentierung eingestürzt war. Im Inneren der Kirche sehenswert sind die reichen Stuckarbeiten, das große farbenfrohe Deckengemälde und eine überlebensgroße Schnitzfigur des hl. Christophorus aus dem 17. Jahrhundert. Der Choraltar von 1726 birgt das Gnadenbild. Rechts an der Wand neben dem Altar erinnert ein großer Bombensplitter an den Luftangriff der Amerikaner auf den Obersalzberg am 25. April 1945, bei dem einige Bomben fernab des eigentlichen Zieles im Gebiet von Ettenberg einschlugen.

Linke Seite: Wallfahrtskirche Maria Heimsuchung in Ettenberg vor der Untersberg-Südwand

Annafest am Almberg

Marktschellenberg

Ostabstürze des Untersberges mit Schellenberg und Salzburg im Hintergrund

Rechte Seite: Toni-Lenz-Hütte unterhalb der Mittagsscharte

Besuch in der Schellenberger Eishöhle im Untersberg

Blick über die Hochfläche des Untersberges zum Berchtesgadener Hochthron

Ein Höhepunkt im Kirchenkalender von Ettenberg ist das Annafest. Es geht zurück auf das Jahr 1746. Damals spendete die Salzburger Witwe M. E. Knoblachin der Kirche einen hohen Geldbetrag mit der Auflage, dafür jedes Jahr in der Ettenberger Wallfahrtskirche ein 40-stündiges Gebet zu sprechen. Aus diesem ursprünglich auf drei Tage verteilten Gebet entwickelte sich dann das Annafest, das jeweils am letzten Sonntag im Juli gefeiert wird.

Schellenberger Eishöhle im Untersberg

Im Untersberg oberhalb von Marktschellenberg befindet sich Deutschlands einzige für Touristen erschlossene Eishöhle. Der Eingang in 1570 Meter Höhe nahe der Toni-Lenz-Hütte (1451 m) ist vom Tal in 3 Std. oder vom Geiereck (1805 m, Seilbahn von Grödig) über den Thomas-Eder-Steig absteigend in 1½ Std. erreichbar.

Die Schellenberger Eishöhle kann in den Sommermonaten (Pfingsten bis Ende Oktober) in einer etwa 45 Minuten dauernden Führung besichtigt werden. Die Höhlenführer erläutern während des Rundganges, der an prächtigen Hallen und Eisformationen vorbeiführt, die Entstehung und Erforschungsgeschichte der Höhle. Am tiefsten Punkt der Höhle steht man bei 0 °C auf einer 30 Meter dicken Eisschicht. Das Licht kommt von Karbidlampen, die von den Besuchern selbst getragen werden. Da sich die Eisformationen im Laufe des Sommers verändern und die Eisgebilde nicht jedes Jahr gleich sind, ist ein Besuch der Schellenberger Eishöhle immer wieder aufs Neue ein Erlebnis. Die hölzernen Laufbretter und Treppen müssen vor Saisonbeginn jedes Jahr wieder in mehrwöchiger Arbeit neu eingerichtet werden; der Schellenberger Verein für Höhlenkunde erledigt dies professionell in 800 bis 1200 Arbeitsstunden.

Almbachklamm mit Kugelmühle

Von Marktschellenberg in Richtung Berchtesgaden zweigt nach etwa drei Kilometern ein kleines Teersträßchen zur sehenswerten Almbachklamm ab, wo die vom Untersberg kommenden Wasser des Almbachs im Lauf der Jahrtausende einen sperrenden Felsriegel durchgeschnitten haben. Am Ausgang der Klamm wartet schon die erste Attraktion: Die Kugelmühle ist Deutschlands letzte noch arbeitende Anlage zur Herstellung von Marmorkugeln. Unter Ausnutzung der Wasserkraft werden grob behauene Steinbrocken des edlen Untersberger Marmors in 2-8 Tagen zu ebenmäßigen Kugeln geschliffen. Die Anlage ist seit 1683 in Betrieb. Noch bis zur Mitte des 19. Jahrhunderts trieb der Almbach etwa 40 Kugelmühlen an. Bergbauern, die von den Erträgen der Landwirtschaft alleine nicht leben konnten, fanden in der Produktion von Geschütz- und Gewehrkugeln, später Murmeln („Schusser") für die Kinder einen bescheidenen Nebenverdienst. Tonnenweise wurden Berchtesgadener Murmeln in die ganze Welt, sogar bis nach Indien, exportiert. Die Massenproduktion von Murmeln aus Glas und Ton bedeutete das Ende dieses alten Erwerbszweiges.

Gleich hinter der Kugelmühle beginnt schon die Almbachklamm (geöffnet von Mai bis Oktober). Die eindrucksvolle Steiganlage wurde 1894 in nur einmonatiger Bauzeit von 250 Soldaten eines Pionierbataillons eingerichtet. Über hölzerne Stege, Brücken und Treppen führt der mit Halteseilen und Geländern abgesicherte Weg zwischen den steilen Klammwänden empor. Unten rauscht glasklares Wasser über Felsblöcke und Steilstufen. In tiefen Gumpen tummeln sich Forellen. Durch die Almbachklamm wurde früher Holz getriftet. Am oberen Klammende kommt man zur Theresienklause, einer mächtigen Stauanlage, deren Wasserschwall das darunter abgelegte Holz nach „dem Schlagen der Klause" talwärts schwemmte.

Steiganlage durch die wilde Almbachklamm

Kugelmühle am Ausgang der Klamm mit der letzten noch arbeitenden Anlage für Marmorkugeln

Freizeit und Sport

Der Ort verfügt über ein beheiztes Freibad und zahlreiche Wander- und Bergwege. Besondere Attraktionen sind die Almbachklamm mit der Kugelmühle, die Eishöhle im Untersberg sowie die Wallfahrtskirche in Ettenberg. Vom wenige Kilometer entfernten Grödig führt eine Seilbahn hinauf zum Untersberg. Beliebt ist die Überschreitung des Berges von der Bergstation (Geiereck) zum Berchtesgadener Hochthron. 2-3 Std. dauert der Gang über die Hochfläche des sagenumwobenen Berges, in dessen Innerem bald Kaiser Karl der Große mit einem Barte, der dreimal um den marmornen Tisch gewachsen ist, bald Kaiser Friedrich Barbarossa mit einem großen Hofstaat residiert oder holde, blondlockige Wildfrauen schöne Burschen entführen.

Nah am Weg liegt der unscheinbare Eingang zur tiefsten Schachthöhle Deutschlands, von den Erschließern „Riesending" genannt. Tief im Berg fanden die Forscher über 180 Meter tiefe Schächte, wasserdurchtoste Canyons und riesige Hallen. Der tiefste bisher betretene Punkt liegt mehr als 1000 Höhenmeter unter dem Eingang, ein Rekord in Deutschland. Eine Besichtigung ist nicht möglich.

Erfahrenen Klettersteig-Gehern bietet der Untersberg seit 2007 eine besondere Attraktion. Der „Berchtesgadener Hochthronsteig" (Sportklettersteig) führt in gleichbleibender Schwierigkeit durch die 400 Meter hohe Ostwand des Untersberges. Die Steiganlage durch teilweise senkrechtes Felsgelände ist durchgehend mit einem Stahlseil versichert, eine Begehung kommt dennoch nur für Klettersteig-Erfahrene mit optimaler Ausrüstung (Helm, Seil-Selbstsicherung etc.) in Frage.

Die Barmsteine an der Landesgrenze zu Österreich, im Hintergrund das Tennengebirge, unten Hallein und die Salzach

Wehrturm der ehemaligen Fürstpropstei Berchtesgaden in Marktschellenberg

Ramsau

Höhenlage: 660 m
Fläche: 129,2 km²
Einwohner: 1 800

Partnergemeinde:
Bohinj in Slowenien

Nationalparkgemeinde Ramsau mit der Wallfahrtskirche St. Sebastian, links die Reiteralm

Ramsau

Ortsteile
Antenbichl, Au, Hintersee, Schwarzeck, Taubensee

Männertrachtenhüte mit Gamsbart

Am Palmsonntag werden die Palmbäume geweiht

Rechte Seite: Weihnachtszeit in der Ramsau

Januar am Hintersee

Ramsau stellt innerhalb des Berchtesgadener Talkessels ein geografisch geschlossenes Gebiet dar. Die Siedlung mit ihren 1800 Einwohnern erstreckt sich im Talgrund entlang der Ramsauer Ache und beidseitig an den Hängen des oft schmalen Tales, das sich in Richtung Ilsank schluchtartig verengt und, ständig leicht ansteigend, zum Hintersee und zum Hirschbichl hinaufzieht. Die Ramsau ist auf allen Seiten von Bergen umgeben.

Auf die Nähe der Gebirge weist bereits der Ortsname hin. Er setzt sich zusammen aus „Rams" und „au", wobei Rams soviel wie loses Gestein, Geröll bedeutet.

Im Süden begrenzen die Bergmassive von Watzmann und Hochkalter, im Westen die Reiteralpe das Ramsauer Tal, im Norden das Lattengebirge. Vom Ortskern an der Ache auf 660 Meter reichen die Häuser und Gehöfte der Gnotschaften Antenbichl, Au, Taubensee und Schwarzeck bis 1100 Meter Höhe hinauf. Der höchste Punkt des Gemeindegebiets ist die Südspitze des Watzmanns (2713 m). Für die Maler und Dichter des 19. Jahrhunderts waren die Ramsau und der nahe Hintersee der Inbegriff von Gebirgsromantik. Berühmt ist der Blick auf die malerisch neben der Ache gelegene Pfarrkirche samt ihrem Bergfriedhof und die dahinter aufragende Reiteralm.

Der Ort ist heute ein erstrangiges Feriengebiet mit vielen schönen Wandermöglichkeiten wie auch Ausgangspunkt für anspruchsvolle Gipfelbesteigungen (z.B. Watzmann und Hochkalter). Zu den Sehenswürdigkeiten zählen die Pfarrkirche St. Fabian und Sebastian von 1512, der Bergkurgarten und die Wallfahrtskirche Maria Kunterweg.

Pfarrkirche St. Fabian und St. Sebastian

Die Kirche neben der munter dahinplätschernden Ache vor der unverwechselbaren Kulisse der Reiteralpe ist das prägende Wahrzeichen der Ortschaft und zugleich eines der bekanntesten Fotomotive des Berchtesgadener Landes. Sehenswert sind der Hochaltar von 1743, die Seitenaltäre und der gotische Fries mit Christus und den zwölf Aposteln. Wer alte Friedhöfe liebt, darf einen Gang über den bereits in der Mitte des 17. Jahrhunderts angelegten Ramsauer Friedhof mit seinen kunstvollen Grabkreuzen nicht versäumen. Der Erstbesteiger der Watzmann-Ostwand (1881), der Ramsauer Johann Grill-Kederbacher, liegt hier begraben. Auch der neue, terrassenartig am Hang oberhalb der Kirche gelegene Gottesacker, den man durch ein schönes Portal aus Ramsauer Nagelfluh betritt, ist einen Besuch wert.

Ramsauer Soleleitungsweg

Zu den schönsten Spazierwegen weit und breit gehört der Ramsauer Soleleitungsweg („Balkon des lieben Gottes") entlang der historischen Soleleitung.

Geboten sind laufend wechselnde Landschaftsbilder und Ausblicke auf Reiteralpe, Hochkalter, Watzmann, Hagengebirge, auf den Hohen Göll und ins Ramsauer Tal. Schautafeln am Weg vermitteln Wissenswertes über die alte Leitung, von der nur noch ein paar spärliche Reste übriggeblieben sind. Der Soleleitungsweg wurde 1817 als Kontrollweg entlang der Soleleitung angelegt, mit der die Sole aus dem Berchtesgadener Salzbergwerk vom Söldenköpfl über eine insgesamt 29 Kilometer lange hölzerne „Pipeline" nach Reichenhall geleitet wurde. Bis 1927 blieb die Leitung in Betrieb. Eine technische Meisterleistung war die Wassersäulenmaschine des vielseitigen Ingenieurs und Technikers Georg von Reichenbach, eine Pumpenkonstruktion („Wunder von Ilsank"), welche die Sole in einem Zug um 358 Meter zum Söldenköpfl hinaufhob, von wo sie dem natürlichen Gefälle folgend in Richtung Schwarzbachwacht zur Saline nach Bad Reichenhall floss. Der Wanderweg vom Kaltbachlehen übers Zipfhäusl bis Gerstreit und weiter zur Gaststätte am Söldenköpfl wird im Winter geräumt.

Wallfahrtskirche Maria Kunterweg

Die Kirche ist über einen steilen Sandweg in 15 Minuten vom Ortszentrum aus erreichbar. Am Beginn des Anstieges steht eine eindrucksvolle Kalvarienbergkapelle, der mehrere Kreuzwegstationen folgen. Erbaut wurde die Wallfahrtskirche „Unsere Liebe Frau am Kunterweg" in den Jahren 1731-33. Nach dem Vorbild von St. Bartholomä als Zweikon-

Winter auf der Bindalm vor den Ramsauer Dolomiten

Deckengemälde in der Kunterwegkirche: Die Vertreibung der Protestanten aus dem Berchtesgadener Land im Jahr 1733

Fronleichnamsprozession zu Füßen der Reiteralm

Wallfahrtskirhe Maria Kunterweg

Der Taubensee bei Schwarzbachwacht vor dem Watzmann (links) und Hochkalter

chenanlage konzipiert, weist die Kirche einen prachtvollen Innenraum mit Stuckaturen aus dem frühen Rokoko auf. Bemerkenswert ist das Deckengemälde des Burghausener Malers Innozenz Warathi. Es bezieht sich auf die Emigration der Protestanten im Jahr 1733, dem Jahr der Fertigstellung der Kunterwegkirche. Als Ausdruck des Sieges der katholischen Kirche über die evangelische Bewegung schleudert ein Engel Blitze auf die Abtrünnigen hinab.

Hintersee

Der glasklare See im Ramsauer Tal, der seine Entstehung einem gewaltigen Bergsturz verdankt, ist der Inbegriff eines romantischen Gebirgssees. Der Reiz des Hintersees liegt in seiner einzigartigen Lage zwischen den Felswänden der Reiteralpe und des Hochkalters, die sich ebenso wie der Hohe Göll auf der Wasseroberfläche spiegeln. Der idyllische See war eines der beliebtesten Motive der Maler, die ab der zweiten Hälfte des 19. Jahrhunderts mit ihren Bildern das Berchtesgadener Land bekannt machten. Das bevorzugte Quartier der Künstler gibt es heute noch. Wenige Minuten vom südlichen Seeufer entfernt liegt das historische Gasthaus Auzinger mit empfehlenswerter bayerischer Küche. Im schutterfüllten Blaueiskar am Hochkalter kann man vom See aus die Blaueishütte erkennen. Oberhalb liegt das „Blaueis“, der nördlichste Gletscher der Alpen. Mit einer breiten Wandflucht fallen die Südabstürze der Reiteralpe gegen den Hintersee ab. Deutlich sichtbar ist die vorgelagerte Wiesenfläche der Halsalm (1211 m), ein lohnendes Wanderziel.

Anders als der Königssee ist der Hintersee gut zugänglich. In einer knappen Stunde lässt er sich zu Fuß umwandern. Das schönste Teilstück des Weges führt am östlichen Seeufer durch den Zauberwald. Zwischen meterhohen bewachsenen Felstrümmern, die sich als Relikte eines Bergsturzes rundum auftürmen, stehen uralte bemooste Laub- und Nadelbäume. Der Zauberwald wurde 2005 vom Bayerischen Umweltministerium in die Liste der 100 schönsten Geotope Bayerns aufgenommen.

Winter am Hochschwarzeck.
Von links: Watzmann, Wimbachgries, Hochkalter und Reiteralm.
Linke Seite: Ramsauer Weihnachtsschützen

Freizeit und Sport

Ramsauer Soleleitungsweg. Sonnige Höhenpromenade mit prächtiger Aussicht

Freidinglehen an der Deutschen Alpenstraße

Ramsauer Dolomiten von der Bindalm aus gesehen

Bergwandern, Bergsteigen, Hüttenwandern. Besondere Attraktion der Gemeinde sind die Unternehmungen in Deutschlands einzigem alpinen Nationalpark. Wanderungen durch das Klausbachtal und ins Wimbachtal sollte keiner versäumen, der sich für die Natur begeistern kann. Ramsau („Wimbachbruck") ist Ausgangspunkt für eine Besteigung des höchsten Berges der Berchtesgadener Alpen auf deutschem Staatsgebiet, des Watzmann mit seinen 2713 Metern. Der Anstieg über das Watzmannhaus (1928 m) zum Hocheck (2653 m) bietet bis auf eine Steilstufe („Hoher Stieg") keine besonderen Schwierigkeiten. 5-6 Stunden Gesamt-Gehzeit sind zu veranschlagen. Bei geübten Bergsteigern hoch im Kurs steht die „Watzmann-Überschreitung", die in der Regel als Zweitagestour durchgeführt wird.

2 bis 3 Stunden dauert allein die Grat-Überschreitung vom Watzmann-Hocheck zur Südspitze (2713 m) hinüber. Der luftige Gang (Klettersteig) auf dem höchsten Grat der Berchtesgadener Berge bietet grandiose Ausblicke. Ein langer Abstieg wartet! Von der Blaueishütte geht man ohne Probleme in etwa 15 Minuten zum Firnfeld des Blaueisgletschers. Ein Besuch des nördlichsten Gletschers der Alpen ist gerade an heißen Sommertagen ein Erlebnis. Leider hat die Klimaerwärmung dem kleinen Gletscher arg zugesetzt, sodass seine Tage vermutlich bald gezählt sind. Kletterer finden in den umliegenden Wänden und Felsblöcken ein reichhaltiges Betätigungsfeld. Auch im Talbereich sind viele schöne Spazierwege geboten. Besonders beliebt ist der bereits erwähnte Weg von Ramsau durch den Zauberwald zum Hintersee. Der Weg führt an den sogenannten Gletscherquellen vorbei. Sehenswert ist, wie dort nach starken Regenfällen oder zur Zeit der Schneeschmelze überall zwischen Felsgeröll das Wasser hervorsprudelt.

Im Winter erschließen im sommerlichen Wandergebiet Hochschwarzeck eine Sesselbahn und vier Skilifte ein Skigebiet mit sechs Abfahrten von leicht bis mittelschwer. Von der Bergstation der Sesselbahn (Gaststätte Hirschkaser, 1390 m) führt eine beliebte Rodelbahn ins Tal. Ein Treffpunkt für Eltern mit Kleinkindern ist der Wiesenhang gleich neben dem großen Parkplatz des Sessellifts. Auf dem flachen Hang ist an Wochenenden regelmäßig Hochbetrieb für Schlitten und Plastikrutschen. Skizwerge absolvieren mit Elternhilfe die ersten Rutschversuche.

Die Ramsau ist außerdem Ausgangspunkt anspruchsvoller Skitouren. Am beliebtesten sind das „Watzmannkar" (Aufstieg 1600 Hm, 4-5 Std.) und die „Hochalm" im Hochkaltermassiv (1300 Hm, 3-4 Std.).

Seit 600 Jahren bewirtschaften Bauern aus dem Pinzgau und dem Berchtesgadener Raum die Gemeinschaftsalm Kallbrunn. Die Agrargemeinschaft produziert einen wohlschmeckenden Almkäse

Wimbachtal

Wie das Klausbachtal gehört im Ramsauer Gemeindegebiet das Wimbachtal zu den landschaftlichen Höhepunkten des Berchtesgadener Landes. Eine Viertelstunde dauert der Weg durch die wilde Wimbachklamm. Am oberen Ende öffnet sich ganz unvermittelt das Tal und gibt den Blick frei auf eine großartige Gebirgsszenerie: Über einem breiten und kilometerlangen Strom aus Gesteinsschutt („Wimbachgries") baut sich links die mächtige Westflanke des Watzmann auf, rechts die nicht minder eindrucksvolle Hochkalter-Ostwand. Weit hinten, im südlichen Talabschluss, erheben sich keck die beiden Palfelhörner. Der brüchige Ramsaudolomit, aus dem sie bestehen, ließ sie zu bizarren Formen verwittern. Aus dem gleichen Gesteinsmaterial besteht auch der im deutschen Alpenraum einmalige, gut 7 Kilometer lange und bis zu 300 Meter mächtige Schuttstrom. Außer nach ergiebigen Regenfällen ist nirgendwo Wasser zu entdecken. Alles Wasser fließt unterhalb der Oberfläche ab und tritt erst nach einer großen Mauer vor dem Talausgang wieder zutage, um als munterer Wildbach der Wimbachklamm zuzufließen. Im oberen Wimbachtal liegt die Wimbachgrieshütte (1327 m). Auf halber Wegstrecke bietet das Wimbachschloss, das ehemalige Jagdschloss des letzten Berchtesgadener Fürstpropstes, später der bayerischen Könige, Gelegenheit zu Rast und Einkehr.

Schäumendes Wildwasser in der Wimbachklamm

Das Wimbachtal mit den Palfelhörnern

Rotwild

Klausbachtal

Zum Ramsauer Gemeindegebiet gehört das Klausbachtal, das vom Hintersee in südwestlicher Richtung zum Hirschbichlpass (1152 m) zieht. Das urnatürliche, für den öffentlichen Verkehr gesperrte Tal ist zum Wandern und Radfahren ideal geschaffen. Gleich zu Beginn der Passstraße ist in einem original restaurierten Bauernhaus („Klausbachhaus") die Informationsstelle „Klausbachhaus" des Nationalparks eingerichtet. Eine Wanderung durch das Tal – Fußgänger benutzen am besten den 300 Meter hinter dem Gatter beginnenden Fußweg – bietet großartige Landschaftsbilder in Folge. Auf der einen Seite begrenzt der Hochkalter mit seinem südwestseitig gerichteten Hauptkamm bis zur Hocheisspitze das Klausbachtal. Auf der anderen Seite ragen die schroffen Felsabbrüche der Grundübel- und Mühlsturzhörner auf, die zur Reiteralm gehören. Besonders eindrucksvoll hierauf ist der Blick an der ersten Wasserfurt der Straße. Man steht direkt unter den gelbgrauen Wänden und zackigen Felsgipfeln der sog. „Ramsauer Dolomiten", von denen unzugängliche Gräben bis ins Tal herabziehen. Genau darüber ereignete sich am 8. September 1999 der letzte große Bergsturz im Berchtesgadener Land. Vom Gipfelbereich des Kleinen Mühlsturzhorns lösten sich ca. 250 000 m³ Gestein – das Volumen von 570 Reihenhäusern. Erst knapp oberhalb der Straße kamen die Geröllmassen zum Stillstand. Tagelang überzog danach eine millimeterdicke Schicht aus Steinstaub wie Raureif weite Teile des Tales.

In den Felswänden lebt ein Steinadlerpaar. Mit etwas Glück kann man den König der Lüfte beobachten, der kilometerweite Entfernungen ohne einen einzigen Flügelschlag zurücklegt. Vorbei an der Engert-Holzstube kommt man über eine Steilstufe (Mitterberg) zum Wiesenboden der Bindalm. Hier können vier restaurierte Almhütten („Kaser") besichtigt werden. Nicht mehr weit ist es bis zur Passhöhe Hirschbichl (Landesgrenze und Gastwirtschaft). Schon im 13. Jahrhundert verlief dort ein Saumpfad, über den das Berchtesgadener Salz in den Pinzgau und nach Tirol transportiert wurde. Westlich über dem Pass erstreckt sich auf einem Wiesenplateau das Almgelände der Litzlalm. Der Blick auf die Südabstürze der Reiteralpe und zum Hochkalter ist außergewöhnlich. In den Sommermonaten verkehrt im Klausbachtal nach Fahrplan der RVO-Wanderbus.

Im Herbst liegt der Brunftschrei der Hirsche über den Wäldern. Sehen lassen sich die scheuen Tiere im Sommer so gut wie nie. Im Winter aber besteht im Klausbachtal die Gelegenheit, das Rotwild aus der Nähe zu betrachten. Eine besondere Attraktion ist die Hirschfütterung, die vom Parkplatz aus in einer halben Stunde zu erreichen ist. Viele Hirschkälber und -kühe, aber auch kapitale Hirsche mit mächtigen Geweihen können aus nächster Nähe bei der Futteraufnahme beobachtet und fotografiert werden.

Nationalpark-Informationsstelle Klausbachhaus

Aussichtsplattform bei der barrierefreien Wildfütterung im Klausbachtal

Schönau am Königssee

Höhenlage: 630 m
Fläche: 131,7 km²
Einwohner: 5 350

Schönau am Königssee vor dem Kehlstein (links), Hohen Göll, Hohen Brett und Jenner

Schönau am Königssee

Die Bergstation der Jennerbahn mit dem Hohen Brett
Panorama: Das Jenner Skigebiet vor dem Hagengebirge

Die Mitterkaseralm

Das Gemeindegebiet der Schönau ist uraltes Bauernland. Früher war die Propstei Berchtesgaden alleiniger Grundherr im Gebiet. Aus den ehemaligen zwei selbstständigen politischen Gemeinden Schönau und Königssee entstand im Vollzug der Gemeindegebietsreform 1978 die Gemeinde Schönau am Königssee, wobei der Ortsteil Schönau („schöne Au") sich über die weiten Wiesenflächen zwischen der Ramsauer und Königsseer Ache bis nach Berchtesgaden erstreckt und Königssee am nördlichen Seeufer und an den Hängen des Faselsbergs gelegen ist. Die neue Einheitsgemeinde, zu der auch der Königssee gehört, steht mit ca. 8000 Gästebetten bei nur 5350 Einwohnern und ca. 1 Million Übernachtungen pro Jahr im Mittelpunkt des Fremdenverkehrsgeschehens.

Über 80 % der südöstlichsten Gemeinde Bayerns liegen bereits innerhalb der Grenzen des Nationalparks Berchtesgaden. Ganz nah dahinter ragen in einem gewaltigen Halbrund die Felsmassive von Hohem Göll, Hagengebirge mit Steinernem Meer bis zum Watzmann auf. Das weitläufige Gemeindegebiet in einer Höhenlage von 600 bis 1000 Meter bietet zahlreiche Wandermöglichkeiten. Im Winter sind Langlaufloipen angelegt. Hier befindet sich die Talstation der Jennerbahn ebenso wie die Kunsteis-Bob- und Rodelbahn, die 1968 als weltweit erste Anlage dieser Art am schattigen Nordhang des Grünsteins angelegt wurde. Sie ist 1415 Meter lang mit 17 Steilkurven.

Jenner

Auf dem Gebiet der Gemeinde Schönau am Königssee liegt der durch eine Seilbahn erschlossene Jenner. Von der Talstation im Ortsteil Königssee gleiten die Gondeln fast lautlos in die Höhe, zunächst über der Trasse der Skiabfahrt, dann über die baumfreien Jennerwiesen zur Bergstation in 1804 m Höhe mit Bergrestaurant und windgeschützter Sonnenterrasse. In einer Viertelstunde kann man von dort zum Gipfel des Jenners (1874 m) steigen und die prächtige Aussicht genießen ins Tal des Königssees, zum nahen Watzmann und über die menschenfernen Gebirgswelten des Hagengebirges und Steinernen Meeres. In einer halben Stunde erreicht man von der Bergstation aus das Stahlhaus (1731 m) am Torrener Joch oder das knapp tiefer gelegene Schneibsteinhaus (1670 m). Beide Hütten sind Ausgangspunkte für eine Besteigung des Hohen Brett (2338 m), der anspruchsvollen Göllüberquerung oder des Schneibsteins (2276 m). Letzterer ist der am leichtesten zu besteigende 2000er in den Berchtesgadener Bergen. Mit etwas Glück kann man vom Weg aus viele Bewohner des Nationalparks beobachten: Gämsen, Murmeltiere oder sogar Steinadler. Bekannt ist der Jenner auch für seinen Blumenreichtum. Die Wanderwege von der Bergstation zur Mittelstation bzw. ins Tal sind durchweg lohnend. Urige Almen (Mitterkaser, Königsbachalm) verleiten den Wanderer zu Rast und Stärkung. Im Winter gehört der Berg den Skifahrern. Neuerdings bietet eine Beschneiungsanlage bis ins späte Frühjahr hinein Schneesicherheit für eine rasante Talabfahrt.

ROMANIA
25

DKB.de

haibike
haibike

Kunsteisbahn für Rennrodeln, Bob und Skeleton am Königssee

Seit Februar 2011 präsentiert sich die 1968/69 als erste Kunsteisbahn der Welt gebaute Strecke in neuer Optik. Die bautechnischen Neuerungen wurden vor allem unter Aspekten der Sicherheit und in Anpassung an die internationalen Reglements der Sportverbände getätigt. Aber auch die Sportfans finden neue Zuschauertribünen, eine verbesserte Infrastruktur unter barrierefreien Gesichtspunkten und moderne Videowände vor. Auf einer Länge von 1415 Metern ist die Bobbahn am Königssee künstlich beeist. Zwölf Kurven sind bei Doppel- und Damenstarts zu bewältigen, bei den Herrenstarts sind es siebzehn. Bis zu 250 Arbeiter waren bei den Baumaßnahmen am Königsseer Eiskanal beschäftigt, wobei u. a. 30 000 Meter Kältemittelrohre und 20 000 Meter Hybridkabel für Fernseh-Liveübertragungen verlegt wurden. Der Landkreis Berchtesgadener Land als Bauherr unternahm alle denkbaren Anstrengungen, damit sich die Eisbahn am Königssee auch in Zukunft WM- und olympiatauglich präsentiert.

Weltmeisterschaften auf der Kunsteisbahn in Königssee vor internationalem Publikum

Schönau am Königssee

Ortsteile

Faselsberg, Hinterschönau, Königssee, Oberschönau I, Oberschönau II, Schwöb, Unterschönau I, Unterschönau II

Königssee

Etwa eine Million Besucher kommen pro Jahr zum Königssee. Sein Name ist weltberühmt und steht für smaragdgrünes Wasser inmitten einer einmaligen Landschaft. Gleich einem Fjord ist der 190 Meter tiefe, 8 Kilometer lange und bis zu 1,5 Kilometer breite See zwischen die Felswände von Watzmann, Hagengebirge und Steinernem Meer eingebettet. Seine Entstehung verdankt er einem Gletscher, der in der letzten Eiszeit, ausgehend von den Hochflächen des Steinernen Meeres, seinen Weg durch das Tal nahm. Das Talbecken wurde tief und breit ausgefräst und das vom Eis mitgeführte Geröll am Talausgang, dort wo sich heute der Ortsteil Königssee befindet, abgelagert. Im Gebiet der heutigen Saletalm kam der Rückzug des Gletschers vor etwa 10 000 Jahren vorübergehend zum Stillstand. Es bildete sich ein Damm aus Moränenschutt, der durch Bergstürze vergrößert wurde. Im Becken dahinter staute sich nach dem vollständigen Abschmelzen des Gletschers der Obersee.

Der klangvolle Name Königssee geht zurück auf eine Stifterfamilie aus der Gründungszeit der Berchtesgadener Fürstpropstei: Chuno von Horburg. Aus den Abwandlungen von „Chunige-See“ wurde schließlich Königssee. Sehr bald schon erwählten die Berchtesgadener Pröpste und Chorherren den See zu einem beliebten Ausflugsziel. Das auf einer Landzunge gelegene Sankt Bartholomä diente als Fischerei- und Jagdstützpunkt. Später kamen die bayerischen Könige zur Jagd. Bis zum Jahr 1909 waren grün-weiß gestrichene

Brunnen in Unterstein am Rathaus

Unterstein mit Rathaus, Kirche und dem Gradierwerk

Die Elektroboote der Königsseeflotte

Rechte Seite: Der Jennergipfel mit dem fjordartigen Königssee

Flachboote die einzigen Beförderungsmittel. Seither werden die Besucher auf eigens für den Königssee gefertigten Elektromotorbooten befördert. Die umweltfreundlichen Boote tragen dazu bei, dass dem See bis heute Trinkwasserqualität bescheinigt werden kann.

Sehenswert ist die bereits 1795-96 erbaute Holztrift (mit Triftklause) am Nordende des Sees, von der man in wenigen Gehminuten zur Seelände gelangt. Im renommierten Hotel Schiffmeister ließ sich schon Ludwig Ganghofer inspirieren. Ganz in der Nähe stehen die schindelgedeckten, silbergrauen Walmdach-Bootshäuser, die, 1918 abgebrannt, nach den alten Plänen wieder aufgebaut wurden.

Die Seelände ist Ausgangspunkt für die Fahrt über den See. Einer der Höhepunkte bei einer Bootsfahrt ist stets, wenn ein Mitglied der Schiffsbesatzung bei der Echowand eine Melodie auf dem Flügelhorn bläst. Das bekannte „Echo vom Königssee“ wird von den Steilwänden mehrmals zurückgeworfen. Dann rückt langsam der Watzmann ins Bild mit seiner breiten und wuchtigen Ostwand, eine der höchsten Felswände der Ostalpen. Immer näher kommen auch die schindelgedeckten, roten Zwiebeltürmchen der Kirche von St. Bartholomä, die zu den bekanntesten Sehenswürdigkeiten des Berchtesgadener Landes zählt.

St. Bartholomä

Schon 1134 stand auf der in den See ragenden Landzunge eine kleine Kapelle („Basilica Chunigese“). Neben der Stiftskirche zählt diese zu den ältesten Kirchen des südlichen Landkreises. Die idyllisch gelegene Barockkirche und die sich unmittelbar anschließende Schlossanlage (heute Gastwirtschaft) wurden in den Jahren 1697 und 1698 erbaut. Seit vielen Jahren kommen am Sonntag nach dem Bartholomätag (24. August) Wallfahrer aus dem salzburgischen Pinzgau übers Steinerne Meer zu dieser Kirche. Von Maria Alm über das Riemannhaus zum Funtensee und absteigend über die Saugasse führt der beschwerliche Pilgerweg. Obwohl die Halbinsel von St. Bartholomä zu den meistbesuchten Ausflugszielen in Bayern gehört, hat sie doch vieles von ihrer Ursprünglichkeit bewahrt. Hotels oder andere Übernachtungsmöglichkeiten gibt es in St. Bartholomä nicht. Sogar der Großteil der dort Beschäftigten fährt nach getaner Arbeit über den See nach Hause. Auf dem Landweg, d. h. zu Fuß, ist Bartholomä nur über mehrstündige Bergsteige, z. B. den Rinnkendlsteig erreichbar. Zu steil sind die Ufer des Sees. Die Schifffahrt über den See ist das ganze Jahr über möglich. Nur in sehr kalten Wintern, wenn der See ganz zufriert, wird der Schiffsverkehr vorübergehend eingestellt. Im Durchschnitt etwa alle sieben Jahre bildet der See eine geschlossene, tragfähige Eisdecke. Eine Wanderung über den zugefrorenen Königssee nach St. Bartholomä ist ein beeindruckendes, außergewöhnliches Erlebnis.

Königssee-Schifffahrt

Im Jahr 2009 beging man am Königssee ein denkwürdiges Jubiläum: 100 Jahre Elektroschifffahrt. Mit dem Aufschwung des Fremdenverkehrs um die Jahrhundertwende kamen immer mehr Gäste nach Berchtesgaden und damit auch zum Königssee. Ein Jahr vor Eröffnung der Motorschifffahrt, 1908 wurden mit lediglich 57 Ruderbooten immerhin 78 000 Gäste befördert. Der Bau der heute nicht mehr existierenden Eisenbahnverbindung von Berchtesgaden nach Königssee, die am 29. Mai 1909 fertiggestellt wurde, ließ eine weiter steigende Anzahl von Besuchern erwarten. Die Entscheidung über die Einführung einer Motorschifffahrt drängte. Mit Zustimmung des Prinzregenten Luitpold bestellte der Obersthofmeisterstab (heute Bayerische Schlösserverwaltung, München) 1909 vier Boote – ein Elektroboot, zwei mit Petroleum befeuerte Dampfmaschinenboote und ein kleines Elektroboot ausschließlich für Hofdienstzwecke.

Mit 80 Mitarbeitern und Mitarbeiterinnen ist die Schifffahrt Königssee einer der größten Arbeitgeber in der Gemeinde Schönau am Königssee. Sie betreibt heute 17 baugleiche Elektromotorboote, die rund 10 Meter lang, etwa 3,5 Meter breit und für 98 Personen zugelassen sind. Die durchschnittliche Geschwindigkeit der Schiffe beträgt 12 km/h. 3 Tonnen wiegen allein die Batterien mit einer Kapazität von 12 Stunden. In den hundert Jahren ihres Bestehens wurden von der Schifffahrt Königssee etwa 45 Millionen Fahrgäste über den See befördert.

Obersee

Vom Landungssteg Salet am südlichen Ende des Königssees sind es nur wenige Minuten Fußmarsch zur bewirtschafteten Saletalm und zum viel kleineren Obersee. Er ist 1200 Meter lang, 500 Meter breit und liegt 11 Meter höher als der Königssee. Ein schmaler Wasserlauf, über den früher Holz getriftet wurde, verbindet die beiden Seen. Am jenseitigen Ufer sieht man die Weideflächen der bewirtschafteten Fischunkelalm, zu denen man über einen Steig am rechten Ufer wandern kann. Dahinter bilden nach allen Seiten steil aufragende Wände den großartigen südlichen Talabschluss des Königsseebeckens. Wie ein silbernes Band stürzt der Röthbach-Wasserfall über 400 Meter in die Tiefe. Die beiden Teufelshörner überragen den Talabschluss von Fischunkel. Ihre grasigen Südhänge sind der bevorzugte Standort von Steinböcken, deren Wiedereinbürgerung ab 1936 in der Röth gelang. Südwestlich des Kleinen Teufelshorns markiert das Blühnbachtörl die Grenze zwischen Hagengebirge und Steinernem Meer. Die von links her steil gegen den Obersee hin abbrechenden Felswände gehören noch zu den Gotzenbergen. Sie begrenzen das ausgedehnte Almgelände, das sich von der bewirtschafteten Gotzenalm über die Regenalm bis an den Rand dieser Wände erstreckt.

Geschützter Frauenschuhstock
Der Obersee mit der Fischunkelalm

Linke Seite: Frühjahrswiese zu Füßen von Hohem Göll und Hohem Brett

Herbst am Faselsberg beim Hainzenleben

Der weltbekannte Königssee mit der Wallfahrtskirche St. Bartholomä und der Watzmann-Ostwand im Hintergrund

Schönau am Königssee

Sennerin Monika auf der Gotzenalm bei den Vorbereitungen für den Almabtrieb

Almabtrieb mit Landauern über den Königssee

Linke Seite:
Blick über die herbstlichen Weideflächen der Gotzenalm zum Hochkönig (Bildmitte)

Nationalpark Berchtesgaden

Hagengebirge (links) und Steinernes Meer in der Kernzone des Nationalparks Berchtesgaden. Markant die beiden Teufelshörner, der Funtenseetauern (Bildmitte) sowie die höchste Erhebung des Steinernen Meeres, das Selbhorn, mit 2654 m (rechts)

Nationalpark

Ein Alpensalamander, im Volksmund „Bergmandl" genannt, darunter das Edelweiß

Im äußersten Süden des Landkreises liegt Deutschlands einziger alpiner Nationalpark. Im Osten, Süden und Südwesten wird er vom österreichischen Bundesland Salzburg begrenzt.

Der 1978 ausgewiesene Nationalpark (genauer „Alpen- und Nationalpark Berchtesgaden") hat eine hundert Jahre lange Vorgeschichte. Als gegen Ende des 19. Jahrhunderts der Alpentourismus in Schwung kam und mit ihm der Handel mit Alpenblumen, kamen begründete Sorgen um die reichhaltige Flora in den Berchtesgadener Bergen auf. Als eines der ersten alpinen Schutzgebiete überhaupt wurde 1910 der „Pflanzenschonbezirk Berchtesgadener Alpen" gegründet. Er war rund 86 km² groß und umfasste den südlichen Teil des Königssees sowie den Obersee einschließlich der umliegenden Berge. Während des Ersten Weltkrieges plante man, einen assyrischen Löwen in die Falkensteiner Wand am Königssee einzumeißeln. Das scheiterte jedoch zum Glück ebenso am Widerstand der Naturschützer wie die Errichtung einer Hotelanlage in St. Bartholomä. 1921 wurde der Pflanzenschonbezirk auf 200 km² vergrößert und der Schutzgedanke auf die Tierwelt erweitert. Einige Jahre später, ab 1927, kamen erste Überlegungen zum Bau einer „Watzmannbahn" auf. Das Wiederaufgreifen des Projekts Ende der 60er Jahre löste hitzige Diskussionen aus über das Für und Wider eines solchen Vorhabens in einem Naturschutzgebiet. Zur endgültigen Abwehr der geplanten Seilbahn forderten mehrere Naturschutzorganisationen die Errichtung eines Nationalparks. Sie hatten Erfolg.

1972 beschloss der Bayerische Landtag entsprechende Vorbereitungen (Raumordnungsverfahren etc.), die 1978 abgeschlossen wurden. Am 1. August 1978 trat die „Verordnung über den Alpen- und Nationalpark Berchtesgaden" endgültig in Kraft. Der Alpenpark (Vorfeld + Nationalpark) entspricht ziemlich genau dem Staatsgebiet der ehemaligen Fürstpropstei Berchtesgaden und hat mit insgesamt 470 km² eine für Mitteleuropa durchaus respektable Größe. Nördlich an den Nationalpark schließt das 260 km² große Nationalpark-Vorfeld mit den Gemeinden Berchtesgaden, Schönau am

Königssee, Ramsau, Bischofswiesen und Marktschellenberg (die drei erstgenannten sind Nationalparkgemeinden) an, das als Pufferzone für den Nationalpark gedacht ist und in dem eine naturverträgliche Landnutzung stattfinden soll. Der eigentliche Nationalpark umfasst mit 210 km² den südlichen Teil der Berchtesgadener Alpen, der sich westlich, südlich und östlich des Schutzgebiets als Naturraum Salzburger Kalkhochalpen fortsetzt. Steile Felswände charakterisieren das Landschaftsbild ebenso wie ausgeprägte Hochplateaulagen in Höhenlagen von 2000 Meter ü. NN und darüber. Zur Kernzone gehören der Göllstock, das Hagengebirge und Steinerne Meer, die Massive des Watzmanns und Hochkalters sowie die Reiteralpe einschließlich der dazwischen liegenden Täler des Klausbachs, Wimbachs und des Königssees. Höchster Punkt

ist die Mittelspitze des Watzmann (2713 m), am tiefsten liegt der Seespiegel des Königssees (603 m).

Wer zu einem der Hochgipfel der Berchtesgadener Alpen wandert, durchschreitet in wenigen Stunden Klima- und Vegetationszonen, die den Abstufungen zwischen Mitteleuropa und der nördlichen Tundra entsprechen. Dementsprechend vielfältig sind Flora und Fauna der Berchtesgadener Berge. Bereits im 18. Jahrhundert führten Botaniker erste wissenschaftliche Untersuchungen durch. Heute sind im Nationalpark Berchtesgaden rund 1200 Blüten- und Farnpflanzen bekannt. In den schrofigen Südhängen der Hochlagen blüht das streng geschützte Edelweiß. Die Pflanze mit ihrer weiß-filzigen Behaarung und den Blüten in Form einer Doldentraube wurde zum Wahrzeichen vieler Bergsteiger-

Großes Bild: Das Jennergebiet, im Hintergrund das Hagengebirge

Flora und Fauna des Nationalparks: Punktierter Enzian, Alpenrose, Alpenaurikel und Stängelloser Enzian

Schroffe Felszacken der Grundübel- und Mühlsturzhörner („Ramsauer Dolomiten") oberhalb des Klausbachtales

vereinigungen (so auch des Deutschen und Österreichischen Alpenvereins). Hoch oben, weit über den letzten Latschen bilden sich noch kleine Polster mit Blüten in leuchtenden Farben. Selbst in kleinsten Felsspalten und sogar auf Schotterhalden existieren noch Pflanzen. Am allergenügsamsten aber sind die Flechten. Sie lassen sich besonders viel Zeit zum Wachsen; der Zuwachs beträgt je nach Standort 0,01 bis 0,6 mm pro Jahr. Auf ungestörten Wänden oder Felsblöcken können sie weit über 1000 Jahre alt werden. Die ältesten Flechten im Nationalpark bestanden wahrscheinlich schon zur Zeit Christi Geburt.

Vielfältig wie die Flora ist im Nationalpark Berchtesgaden die Tierwelt. Mehrere Arten von Lurchen und Kriechtieren, 15 Arten Fische, an die 100 Brutvogel- und 40 Gastvogelarten sowie 55 Arten von Säugetieren wurden bisher nachgewiesen. Charakteristische Tierarten sind Reh, Rot- und Gamswild, Murmeltier, Schneehase, Auer- und Birkwild, Schnee- und Haselhuhn, Steinadler, Alpensalamander und schwarze Kreuzotter. Der Steinbock wurde ab 1936 im Gebiet der Röth eingebürgert. Die Tiere fühlen sich offenbar in den Berchtesgadener Bergen wohl. Mittlerweile wurden sie am Watzmann-Massiv (und sogar in der Watzmann Ostwand) ebenso gesichtet wie am Hochkalter.

König der Lüfte im Nationalpark ist der Steinadler. Der so seltene wie majestätische Raubvogel bildet einen Schwerpunkt im Besucherbildungsprogramm der Nationalparkverwaltung. Im Klausbachtal wurden vier „Adlerwege" eingerichtet, auf denen man in jedem Fall umfassend informiert wird; mit etwas Glück kann man Adler sogar in freier Natur beobachten. Der kräftig gebaute Vogel mit großem Schnabel und starken Fängen kann auch weite Strecken ohne einen einzigen Flügelschlag zurücklegen.

In der Kernzone des Nationalparks hat der Naturschutz absoluten Vorrang. Die Natur bleibt ohne Eingriffe sich selbst überlassen, sämtliche Tiere und Pflanzen sind geschützt. Neben dem Schutz der Natur sind die wissenschaftliche Beobachtung und Erforschung natürlicher Lebensgemeinschaften sowie die Bildung und Erholung seiner Besucher erklärte Ziele des Nationalparks. Ein weiteres Anliegen ist die Erhaltung und Förderung traditioneller Bau- und Wirtschaftsformen. 1991 wurde der Alpenpark und seit 2010 der gesamte Landkreis Berchtesgadener Land durch die UNESCO dem weltweiten Netz der Biosphären-Reservate (= Schutzgebiete mit Modellfunktion einer Entwicklung in Einklang mit der Natur) zugeordnet. Dem erholungssuchenden Naturfreund bietet der Nationalpark Berchtesgaden ein Netz von 230 Kilometern Wander- und Bergwegen. Von der leichten Talwanderung bis zur mehrtägigen Hochgebirgstour ist für alle Ansprüche etwas geboten. Um den Besuchern die Vielfalt der Natur nahezubringen, besteht ein umfangreiches Umweltbildungsangebot. Als zentrale Anlaufstelle ist in Berchtesgaden neben der Franziskanerkirche das Nationalpark-Haus eingerichtet. Ein großzügiger Neubau („Haus der Berge") wird voraussichtlich 2012 fertiggestellt.

Überlebenskampf der Gämsen im Hochgebirge. Knappes Futter unter dem Schnee

Winter auf der Falzalm
mit Watzmannfrau und -kindern

Die Schapbachalm
unterhalb des
Watzmann auf
dem Weg nach
Kühroint

Nationalpark

Auf einen Blick
Nationalpark Berchtesgadener Alpen

Alpenpark Berchtesgaden
(= Nationalpark + Vorfeld)

Fläche gesamt:	470 km²
Fläche Nationalpark:	210 km²
Fläche Vorfeld:	260 km²

Nationalpark
Höchster Punkt: Watzmann-Mittelspitze (2713 m)
Tiefster Punkt: Seespiegel Königssee (603 m)

Landschaften:	44,1 %	Wälder
	21 %	(Mager-)Rasengesellschaften
	19,3 %	Fels-und Schuttfluren
	12,4 %	Latschen- u. Grünerlengestrüpp
	3,2 %	Seen- und Gletscher

Geschichte

1910	Pflanzenschonbezirk Berchtesgaden (8600 ha)
1922	Erweiterung zum „Naturschutzgebiet Königssee“ (20 400 ha)
1978	Die Verordnung über den Alpen- und Nationalpark Berchtesgaden tritt in Kraft
1990	Verleihung „Europadiplom A“ für Gebiete mit herausragender ökologischer Bedeutung

Ziele des Nationalparks

- großräumiger Schutz der gesamten Natur
- Erforschung der natürlichen Grundlagen der Zusammenhänge in den Lebensgemeinschaften
- Bildung, Erholung und Information der Besucher
- Aufrechterhaltung und Förderung der traditionellen Bau- und Wirtschaftsformen

Bewohner des Nationalparks: Steinadler, Murmeltiere, Auerhahn, Steinbock und Gams

Rechte Seite: Arena aus Stein. Das urnatürliche hintere Wimbachtal vor den Ostabstürzen des Hochkalters, im Bild rechts die Ausläufer des Watzmann

Entlegener Erdenwinkel: Becken der Röth im Hagengebirge

Von oben: Die Wurzeln des Ungarischen Enzians, aus der der bekannte „Gebirgsenzian" gebrannt wird.
Der Brennmeister beim Destillieren der Maische.
Die Brennhütte am Funtensee.
Ungarische Enzianblüte.

Rechte Seite: Der Funtensee im Steinernen Meer

Die Gotzenalm vor der mächtigen Watzmann-Ostwand

Sommerabend am Mooslahner über dem Königssee,
im Hintergrund das Steinerne Meer mit der Schönfeldspitze

Fotografen

Satz und Layout:
Kraus-Plenk Valentina
Titelgestaltung: Grassl Grafik

Fotografen von links nach rechts:
Brandner Anton
Chaulin Ernst-Ludwig
Fiedler Manfred
Fritsch Thomas
Hildebrandt Marika
Hirschbichler Albert, Dr.
Höller Thomas, Bega Film
Mittermeier Werner
Nowak Klaus
Plenk Anton Quirin
Plenk Anton Verlag
Reichenberger Joseph
Roha Fotothek; R. u. H. Führmann
Pritz Franz

Herausgeber:
Verlag Anton Plenk
83471 Berchtesgaden
Koch-Sternfeld-Straße 5
Telefon 08652/4474
Fax 08652/66277
www.plenk-verlag.com
E-Mail: plenk-verlag@t-online.de

Lektorat: Stefanie Zweckl, Winkl

Bildnachweis:

Brandner Anton	*100u, 106o, 149o, 164o, 204u, 215, 216, 218or+ur, 219, 222, 223, Titel Rücks. rechts*
Chaulin Ernst-Ludwig	*51u, 87M*
Fiedler Manfred	*21M+u, 32, 38ul, 53, 58, 59, 61u, 62, 63u, 64o, 66M, 68, 69o+ul, 78, Titel links*
Fritsch Thomas	*126r, 196, 197*
Hildebrandt Marika	*16, 25u, 28o, 30, 31ol, 45o, 76u, 77ur, 144l, 145u, 152ur, 156, 160r, 161, 162, 163, 166l, 167, 177u, 184, 187r, 188o+u, 202ur, 208u, 209o+ul, 212ol+ul, 213o, 214, 218ol+Ml+ul, 220, 221*
Hirschbichler Albert, Dr.	*15, 100or, 129ur, 142r*
Höller Thomas, Bega Film	*112, 181l*
Mittermeier Werner	*99, 108u, 145M, 164ul, 172, 179ol+u, 181r, 192ol+r, 194ur, 195o, 202ol+ul, 210, 211, 213 u 1.+3. Bild*
Nowak Klaus	*37o, 173ul, 177o, 209ur, Titel Rückseite links*
Plenk Anton Quirin	*179or, 198oM*
Plenk Anton Verlag	*alle ungenannten Aufnahmen*
Reichenberger Joseph	*129o+ul*
Roha Fotothek, Fürmann	*19, 20ul+ur, 24, 25ol, 29ur, 31or, 33, 34, 35, 36, 37u, 40o, 41, 42l, 48, 50ur, 55ur+ul, 63o+r, 64Ml+ul, 67u, 70, 71, 72, 74, 75ul, 76o, 79, 80, 81, 82, 83, 84, 85l, 86ol, 87ur, 88ol+or, 91or+ol, 92ul+ur, 95M, 103ul, 104o, 106ul+ur, 107u, 123, 127o, 135ul, 137or+ur, 138u, 140o, 143u, 164ur, 189*
Pritz Franz	*174*

Literaturverzeichnis:

Brugger, W., Dopsch, H., Kramml, F. (Hrsg.): Geschichte von Berchtesgaden (4 Bd.). Verlag Anton Plenk, Berchtesgaden
Dopsch, H., Roth, H. (Hrsg.): Laufen und Oberndorf. 1250 Jahre Geschichte, Wirtschaft u. Kultur an beiden Ufern der Salzach. Laufen 1998
Enzinger, K.: Freilassing. Geschichte einer jungen Stadt. Freilassing 2003
Fröhlich, H.: Marzoll. Eine Oberbayerische Chronik, 2008
Garner, E.: Freilassing. Eine Stadt im Aufschwung. Ein historischer Überblick (Info). Freilassing 2001
Gemeinde Ainring (Hrsg.): Ainring - Heimatbuch. Verlag W. Pustet 1990
Hirschbichler, A.: Berchtesgadener Land. Geschichte - Täler u. Ortschaften - Menschen u. Brauchtum - Berge und Seen. Verlag Anton Plenk, Berchtesgaden 2006 (2. Aufl.)
Hirschbichler, A.: Berchtesgadener Land. Gebietsführer für Natur, Kultur, Freizeit und Sport. Verlag Anton Plenk, Berchtesgaden 2006
Hirschbichler, A.: Bad Reichenhall mit Bayerisch Gmain. Staatsbad in den Alpen. Verlag Anton Plenk, Berchtesgaden 2007
Hirschbichler, A.: AlpenSalzStadt Bad Reichenhall. Auf den Spuren der Salzgeschichte. Verlag Anton Plenk, B`gaden 2009
Hofmann, F.: 100 Jahre Schneizlreuth. Hrsg. Gemeinde Schneizlreuth, Ortmann Verlag 2009
Hofmann, F.: Die Reiteralpe. Aus der Geschichte eines Gebirges. Buch- und Offsetdruckerei Wiedemann, Bad Reichenhall 2005
Landratsamt Berchtesgadener Land (Hrsg.): Unser Landkreis Berchtesgadener Land. Bayerische Verlagsanstalt Bamberg 2004 (4. Aufl.)
Landratsamt Berchtesgadener Land (Hrsg.): Bürger-Informationsbroschüre Berchtesgadener Land 2009 (5. Aufl.)
Lang, J., Schneider, M.: Auf der Gmain. Chronik der Gemeinden Bayerisch Gmain und Großgmain. Berchtesgaden 1995
Mittermeier, W.: Das große Buch der Berchtesgadener Berge. Verlag Anton Plenk, Berchtesgaden 1999
Reindel-Schedl, H.: Häuserbuch des Marktes Teisendorf. Teisendorf 1994
Vogel, M.: 25 Jahre Nationalpark Berchtesgaden; Resumee und Ausblick. Alpenvereinsjahrbuch Bd. 127, 2003
Wieser, M.: Pidinger Heimatbuch 735 – 1985